Gestión básica del almacén. COMT07

Gustavo Abelaira Sarmiento

Gestión básica del almacén. COMT07
© Gustavo Abelaira Sarmiento

1ª Edición

© IC Editorial, 2025

Editado por: IC Editorial
c/ Cueva de Viera, 2, Local 3
Centro Negocios CADI
29200 Antequera (Málaga)
Teléfono: 952 70 60 04
Fax: 952 84 55 03
Correo electrónico: iceditorial@iceditorial.com
Internet: www.iceditorial.com

ISBN: 978-84-1184-685-1
Depósito Legal: MA 492-2025

Impresión: PODiPrint
Impreso en Andalucía – España

Nota de la editorial: IC Editorial pertenece a Innovación y Cualificación S. L.

Especialidad formativa

Se entiende por especialidad formativa la agrupación de contenidos, competencias profesionales y especificaciones técnicas que responde a un conjunto de actividades de trabajo enmarcadas en una fase del proceso de producción y con funciones afines.

Las especialidades formativas de Uso General, Formación Complementaria, Formación Modular y las especialidades formativas dirigidas a la obtención de certificados de profesionalidad se incluyen en el Fichero de Especialidades del Servicio Público de Empleo Estatal para su gestión en todo el territorio nacional por cualquier Administración competente.

Las especialidades complementarias, pertenecen todas a la Familia profesional de Formación Complementaria (FCO) y tienen la consideración de formación transversal en áreas que se consideran prioritarias tanto en el marco de la Estrategia Europea para el Empleo y del Sistema Nacional de Empleo como en las directrices establecidas por la Unión Europea. Se consideran áreas prioritarias las relativas a tecnologías de la información y la comunicación, la prevención de riesgos laborales, la sensibilización en medio ambiente, la promoción de la igualdad, la orientación profesional y aquellas otras que se establezcan por la Administración competente.

Las especialidades de Certificado de profesionalidad tienen una duración especificada en su normativa reguladora.

En el resultado de la búsqueda, se muestran las unidades de competencia, todos los módulos formativos con su duración y las unidades formativas del certificado correspondiente, con su duración. Las horas del certificado, exclusivo de las especialidades de certificado de profesionalidad, con alta igual o superior a 2008, son las horas totales más las horas del módulo de Prácticas Profesionales no Laborales.

- **Si la especialidad tiene unidades formativas,** las horas totales, presencial, distancia, teleformación serán igual a la suma de esas horas de las unidades formativas de los distintos módulos, sin que se repita ninguna Unidad formativa.

➲ **Si la especialidad no tiene unidades formativas,** las horas totales, presencial, distancia, teleformación serán igual a las sumas de esas horas de los módulos formativos, eliminando las horas de los módulos repetidos.

https://sede.sepe.gob.es/especialidadesformativas/RXBuscadorEFRED/BusquedaEspecialidades.do

(Fuente: Servicio Público de Empleo Estatal)

Índice

OBJETIVOS GENERALES

Los objetivos generales del **COMT07. Gestión Básica de almacén,** son los siguientes:

- Identificar las actividades, funciones y áreas de un almacén para el desempeño eficaz y seguro de las tareas asignadas, dentro de la empresa o grupo empresarial.
- Identificar las características básicas de las operaciones de los distintos tipos de almacén, así como flujo de mercancías, las zonas de trabajo, las herramientas y materiales utilizados, los inventarios y pedidos.
- Integrarse en un equipo de trabajo para ofrecer un servicio de almacén de calidad, así como identificar las características y funcionalidad del equipamiento y sistemas de movimientos y de colocación en los distintos tipos almacén.
- Identificar los riesgos y accidentes más frecuentes de las operaciones de almacén, así como las medidas que debe tomarse en caso de incendio.

Características básicas del almacén

Contenido

Objetivos

El objetivo general de esta Unidad de Aprendizaje es:

→ Identificar las características básicas de las operaciones de los distintos tipos de almacén, así como el flujo de mercancías, las zonas de trabajo, las herramientas y materiales utilizados, los inventarios y pedidos.

Los objetivos específicos de esta Unidad de Aprendizaje son:

→ Desarrollar el proceso de recepción de mercancías.

→ Aplicar métodos de almacenamiento de productos.

→ Ejecutar el proceso de expedición de materiales.

→ Identificar las actividades y tareas de un almacén.

1. Introducción

Puesto que el objetivo principal de cualquier empresa logística es alcanzar un alto grado de satisfacción de sus clientes, el almacén se ha convertido en el principal actor dentro de la cadena de suministro, puesto que es el lugar donde se desarrollan las principales tareas para que los productos puedan llegar a su punto de destino en tiempo y forma.

Gestionar de manera eficiente un almacén resulta un elemento clave en el contexto logístico, pues de su óptimo funcionamiento y organización se derivarán beneficios como la mejora de la productividad y un mejor servicio al cliente y, por lo tanto, un aumento de la rentabilidad y de la competitividad de la empresa.

Cuando hablamos de la gestión del almacén estamos haciendo referencia a procesos como son la entrada de los productos, su ubicación en función de diferentes criterios y factores y su final distribución, de manera que puedan ejecutar correctamente su actividad y así cumplir con las especificaciones requeridas por los clientes.

Por este motivo, los trabajadores y responsables de un almacén deben conocer las características y peculiaridades de los distintos productos que acceden al interior de este para seleccionar los métodos más adecuados para su tratamiento y conservación, ya que es una de las maneras en que puede garantizarse un alto nivel de calidad en los productos y que será percibido por los clientes.

Es por ello por lo que labores como la recepción, el almacenamiento o la expedición son procesos claves en el funcionamiento de un almacén y que tienen un gran peso para las empresas a la hora de conseguir el éxito o fracaso en un mercado tan competitivo.

En conclusión, para conocer la importancia de los almacenes podemos pensar en cómo los productos que podemos adquirir a diario han llegado hasta su punto de venta, ya que han tenido que pasar por una serie de etapas en el interior de los almacenes sin las cuales las empresas podrían situar sus productos en el mercado.

Para profundizar en todos estos aspectos, nos basaremos en el caso de Alejandro, un responsable de almacén que debe conocer a la perfección los procesos realizados para así poder planificar todas las actividades con el fin de conseguir un alto nivel de productividad.

2. El almacén: concepto y finalidad

☞ HILO CONDUCTOR

Alejandro, jefe del almacén, debe conocer la demanda existente de los clientes y la tipología de los productos que se almacenan para considerar como estructurar y organizar el almacén, es decir, que tareas deben llevarse a cabo para conseguir un flujo de mercancías eficiente y lograr cumplir las expectativas de los clientes.

Podemos definir **el almacén** como el espacio del que disponen las empresas para la conservación de sus materiales o productos con el fin de manipularlos correctamente y distribuirlos cuando sean demandados.

En este punto, hacemos referencia a materiales o productos ya que, dependiendo del tipo de empresa, los almacenes estarán destinados al almacenamiento de materias primas o los denominados productos terminados. Es por ello, que debemos diferenciar entre los siguientes tipos de empresas:

Industrial
- Son empresas dedicadas a la transformación de materias primas en productos aptos para la venta mediante un proceso de fabricación.

Comercial
- Estas empresas adquieren productos terminados a los proveedores para su posterior distribución y venta.

Servicios
- Se trata de empresas que carecen de almacén, ya que comercializan productos que no son físicos como seguros o viajes, entre otros.

IMPORTANTE

Los productos terminados son el resultado de un proceso de fabricación a partir de materias primas y que se consideran aptos para la venta.

Por otro lado, existen una serie de factores de gran importancia que obliga a las empresas a disponer de almacenes para gestionar eficientemente su **flujo de mercancías** y las distintas operaciones que deben realizarse para poder distribuir los productos a los clientes finales:

- Conseguir un equilibrio entre la oferta y la demanda de los productos con el objetivo de satisfacer a los clientes y evitar roturas de *stock*.
- Aumentar la calidad de los servicios prestados a los clientes mejorando procesos como la preparación de los pedidos o su acondicionamiento final.
- Gestionar eficientemente un almacén evitará a la empresa costes innecesarios u otros derivados de tareas que no aportan valor al producto ni al servicio prestado.
- El empleo de un almacén aportará a la empresa un mayor control sobre el número y estado de los productos, especialmente si este control se lleva a cabo con programas o *softwares* de gestión.

El área destinada al almacenaje y conservación de productos debe ser aprovechada al máximo de su capacidad disponible.

SABÍAS QUE...

La importancia de la gestión de un almacén radica en que este suele representar el 30 % del coste del total de un producto mientras que el resto de las operaciones pueden suponer el 90 % de tiempo dedicado a producirlo o comercializarlo.

3. Principios almacén

HILO CONDUCTOR

Como responsable del almacén, Alejandro debe realizar una planificación exhaustiva de las diferentes operaciones que deben ejecutarse con el fin de sacar el máximo rendimiento a todos los recursos disponibles, aumentar la rentabilidad y minimizar todos los costes en la medida de lo posible.

El funcionamiento de cualquier almacén debe regirse por una serie de principios que serán de ayuda a la hora de conseguir los diferentes objetivos planteados por la empresa, tanto a largo como a medio o corto plazo.

Desde un punto de vista general, las empresas buscan cumplir uno de los siguientes principios para optimizar su rendimiento:

- **Reducir el número de existencias y costes.** Esta política de almacenamiento ayudará a mejorar la eficiencia del almacén y minimizar costes derivados del almacenaje, manipulación y conservación de los productos.
- **Aumentar el número de existencias para cumplir con los pedidos demandados.** Bajo este principio, los almacenes se aseguran la **no aparición de roturas de *stock*** y cumplir siempre con la demanda de sus clientes, no obstante, se puede incurrir en costes innecesarios derivados de alto volumen de productos presentes en el almacén.

Por otro lado, el funcionamiento de los almacenes necesita basarse en una serie de aspectos para poder poner en marcha cualquiera de los principios mencionados anteriormente. Se trata de diferentes cuestiones que optimizarán todos los recursos empleados y los procesos que deban llevarse a cabo y, por lo tanto, supondrá un aumento del rendimiento del almacén y de su productividad:

- **Minimizar espacio, manipulaciones y riesgos.** Se trata de buscar el aprovechamiento máximo del espacio de almacenaje con el fin de reducir las manipulaciones mediante la óptima ubicación de los productos y, por tanto, minimizar los riesgos derivados de las operaciones que conlleva el tratamiento de mercancías.
- **Equilibrio.** Este principio hace referencia al hecho de evitar sobrealmacenamiento de productos o tener un *stock* mínimo. Para ello, el almacén debe presentar un nivel de existencias con el cual sea capaz de satisfacer la demanda de sus clientes.
- **Flexibilidad.** Especialmente en el tratamiento de diferentes productos, los almacenes deben estar preparados para los cambios producidos en estos debidos a las modas o tendencias del mercado desde el punto de vista estructural del almacenamiento y la manipulación.
- **Coordinación.** El almacén no puede funcionar como un actor independiente, ya que forma parte de una cadena de suministro, por lo que deberá estar en contacto con el resto de los departamentos para conseguir un funcionamiento eficiente.
- **Reducir costes de gestión.** Todas las operaciones ejecutadas en el almacén conllevan una gestión tanto documental como de planificación que supone unos determinados gastos. Estos pueden reducirse mediante una organización eficiente de tareas y responsabilidades.
- **Optimización.** Optimizar recursos, espacios, equipos o procesos es una herramienta para que los almacenes puedan aumentar su productividad y ser más competitivos.

IMPORTANTE

Los principios en los que debe basarse el funcionamiento de un almacén son directrices o recomendaciones que ayudarán a este a sacar el máximo partido a todos los recursos existentes, tanto materiales como humanos, y que facilitarán que el almacén consiga un flujo de mercancía lo más eficiente posible, aspecto que influirá notablemente en el grado de satisfacción de los clientes.

4. Funciones de almacén

☞ **HILO CONDUCTOR**

Existen diferentes tipos de almacenes debido a su función productiva o comercial, o dependiendo de las actividades que en ellos se desempeñen. Por este motivo, Alejandro debe identificar la función que desarrolla su almacén y determinar las operaciones y tareas que allí se deben llevar a cabo.

Por ejemplo, la planificación que lleve a cabo de las tareas y funciones no será la misma en un almacén regional que en uno de tránsito.

A la hora de establecer las funciones del almacén, estas pueden establecerse desde dos puntos de vista diferentes. Por un lado, podemos referirnos al papel que juega el almacén dentro de la cadena de suministro, siendo un elemento más a la hora de la consecución de los objetivos planteados y una parte muy importante para lograr que la cadena funcione de la manera más eficiente posible.

Por otro lado, las funciones del almacén pueden hacer alusión a las distintas operaciones y tareas que se llevan a cabo en su interior y que van desde la recepción de los productos hasta su distribución final.

En cuanto a las funciones del almacén, como parte de la cadena de suministro podemos destacar las siguientes:

- **Buscar ajustar el nivel de *stock*.** Es muy importante que los almacenes intenten almacenar el *stock* mínimo necesario para cumplir las necesidades de sus clientes, pues, dentro de la cadena de suministro, este hecho afectará a otras áreas, como producción o aprovisionamiento.
- **Reducción de costes asociados.** Esta función hace referencia a la compra de un gran volumen de productos con el objetivo de acceder a un precio de compra con diferentes descuentos. Aunque se asuman gastos de almacenaje, este tipo de compras supone un ahorro en transporte, adquisición o manipulación de productos, entre otros.
- **Formar parte del proceso productivo.** El almacén debe servir como lugar de almacenaje para los tres tipos de materiales que pueden intervenir en un proceso de fabricación: las **materias primas, productos en curso y productos terminados.**

DEFINICIÓN

Stock mínimo de un almacén
Cantidad necesaria de productos para hacer frente a la demanda prevista en un periodo de tiempo. Por debajo de este nivel de existencias se produciría una rotura de _stock_.

Si pensamos en las funciones del almacén como las diferentes fases por las que transcurre el flujo de mercancías en su interior, debemos hacer referencia a todas las tareas que deben ejecutarse desde el momento que los productos son recepcionados hasta que son cargados en el medio de transporte que se encargará de su distribución.

De esta manera podemos diferenciar las siguientes funciones del almacén:

- **Recepción.** Es el proceso de verificación, comprobación y posterior entrada de los artículos enviados por los proveedores en el almacén.
- **Almacenaje.** Se trata de la ubicación de los productos en los sistemas de almacenaje adecuados.
- **Conservación y mantenimiento.** Hace referencia a las condiciones que deben existir para que los productos se mantengan en óptimas condiciones.
- **Control de existencias.** Esta tarea se basa en el almacenamiento de productos necesarios sin incurrir en sobrecostes derivados del almacenaje o gestión.
- **Expedición.** Una vez preparados los pedidos de los clientes, esta fase se centra en la comprobación de estos para su posterior distribución.

4.1. Recepción de materiales

El proceso de recepción tiene comienzo en el momento en que los productos llegan al almacén proveniente de los distintos proveedores. Se trata de un proceso clave en el almacén, ya que es la primera fase por la que van a transcurrir los productos antes de ser introducidos en el interior del mismo.

Esta tarea se basa **en tres aspectos** clave que influirán en el grado de eficiencia del flujo de mercancía posterior a lo largo de las distintas operaciones que se lleven a cabo en el almacén. Por este motivo, podemos definir la recepción como la **verificación, clasificación y control de los productos** que, si se realiza correctamente, reducirá o eliminará la posible aparición de errores en las siguientes fases que serán ejecutadas.

Por normal general, la recepción de los productos suele llevarse a cabo siguiendo una serie de **pasos,** excepto en algunas mercancías que exigen un tratamiento especial debido a sus características. Estos pasos son los siguientes:

- **Identificación del pedido.** Antes de proceder a la descarga de la mercancía, es imprescindible comprobar que el pedido no es erróneo y está solicitado por el almacén.
- **Documentación.** Previamente a la descarga, deben comprobarse los diferentes documentos que deben acompañar al producto, como el albarán o la carta de porte
- **Descarga.** Se trata de la extracción de los productos del medio de transporte mediante los equipos de manutención adecuados, como son la transpaleta o la carretilla elevadora.
- **Etiquetado.** Antes de ser almacenada, la mercancía debe ser etiquetada en función del sistema empleado por el almacén para facilitar su localización y mejor control de unidades existentes.
- **Clasificación.** En función del tipo de producto o de su embalaje, se puede proceder a una clasificación que facilite su posterior almacenamiento.
- **Verificación de cantidad y calidad.** Una vez que la mercancía se encuentra en la zona de recepción, se procede a la comprobación del estado de esta y al número de unidades recepcionadas para comprobar que se corresponde con lo solicitado.
- **Registro.** Es la última fase, en la que los productos recibidos son dados de alta en el sistema y pasan a formar parte del *stock* del almacén.

 DEFINICIÓN

Albarán
Se trata del documento donde deben aparecer los productos y las cantidades que conforman un pedido. Se denomina *valorado* o *no valorado* si también aparecen reflejados los precios de los productos.

EJEMPLO

La recepción y manipulación de productos o mercancías denominadas peligrosas requieren de un tratamiento especial recogido en una serie de normativas para evitar riesgos que puedan afectar a los trabajadores o que puedan dañar el producto.

Las carretillas elevadoras son uno de los equipos más empleados para realizar la descarga de la mercancía.

4.2. Registro de entradas y salidas del almacén

El flujo de mercancías supone un movimiento de productos dentro del almacén que obliga a llevar un control exhaustivo de las entradas y salidas para poder conocer en todo momento el *stock* real disponible en el área de almacenamiento.

En este sentido, las entradas del almacén hacen referencia todos aquellos productos que, una vez han sido verificados cualitativa y cuantitativamente, son introducidos al almacén y se suman a las existencias que ya se encuentran almacenadas.

IMPORTANTE

Podemos entender el flujo de materiales como una secuencia de operaciones en la que, si no existe la coordinación y colaboración necesaria, resulta imposible que la empresa pueda ser competitiva y obtener los beneficios deseados.

Por otro lado, las salidas del almacén son todos los productos demandados por los clientes y que, una vez son acondicionados correctamente, están en condiciones de abandonar el almacén en el medio de transporte adecuado para su distribución al punto de entrega indicado por el cliente.

Es por esto por lo que podemos entender las salidas y entradas del almacén como el alta y baja de los distintos productos. Esto es así porque, en la actualidad, la gran mayoría de los almacenes se ayuda del empleo de **Sistemas de Gestión de Almacenes (SGA)** para llevar el control de los movimientos de productos que se producen en su interior.

Los **SGA son *softwares* informáticos** encargados de gestionar todos los procesos del almacén mediante el uso de la tecnología conocida como **radiofrecuencia (RFID)**.

VÍDEO

Mecalux es una de las empresas más importantes dentro del sector logístico como suministradora de diferentes servicios. Entre ellos, se encuentra el SGA Easy WMS. Puedes consultar su funcionamiento a través de un vídeo que lo explica accediendo desde aquí:.

https://redirectoronline.com/comt070101

De esta forma, el registro de entrada o de salida de productos se simplifica de manera que dos simples pasos la operación quedaría grabada en el sistema:

➲ **Escáner radiofrecuencia.** Esta herramienta se emplea para pistolear la mercancía que entra o va a ser distribuida para que el SGA genere la correspondiente etiqueta.

➲ **SGA.** Una vez generada la etiqueta, el sistema dará de alta o de baja los productos y la cantidad que ha sido pistoleada para poder actualizar el *stock*.

El escáner o pistola de radiofrecuencia suele emplearse para obtener diferente información del producto almacenado.

 ACTIVIDAD COMPLEMENTARIA

1. Valora la importancia que puede tener para los almacenes la verificación y control de la mercancía, tanto en la entrada como en la salida del almacén. ¿Cuáles son las consecuencias que podría conllevar el no ejecutar correctamente ambas operaciones?

4.3. Almacenamiento de materiales

El almacenamiento de los productos presentes en el almacén consiste en la asignación de una determinada ubicación en función del tipo de mercancía y del formato o embalaje que presente.

Por ello, a la hora de asignar una ubicación a un determinado artículo, se debe tener en cuenta diferentes aspectos como pueden ser **la rotación o frecuencia de salida,** el peso o el método de conservación necesario.

Por otra parte, dentro del área de almacenaje se encuentran los diferentes **sistemas de almacenamiento** que existen para la colocación de los diferentes productos. La elección de estos sistemas va a depender de diferentes criterios de clasificación e incluso la rotación de los productos va a definir en gran medida el uso de uno u otro sistema, entre los que podemos citar:

- **Convencional.** Es el sistema más empleado para el almacenaje, ya que puede emplearse para cualquier tipo de mercancía y resulta de fácil acceso para su extracción.
- **Dinámico.** Este almacenamiento se basa en un criterio cronológico, de manera que los productos que primero han sido almacenados son los primeros en ser extraídos.
- **En bloque.** Se trata de un sistema que carece de estructura de almacenamiento, ya que se basa en la superposición de las mercancías unas encima de otras.

En el almacenaje convencional pueden ubicarse mercancías de diferentes clases y características.

El almacenaje dinámico emplea un sistema de rodillos que consigue la rotación de la mercancía y mantiene un orden cronológico en la extracción.

El almacenaje en bloque suele emplearse en productos como los materiales de construcción debido a su resistencia.

4.4. Mantenimiento de materiales y de almacén

El mantenimiento de los productos que se encuentran en el interior del almacén es el establecimiento de las condiciones que estos necesitan en función de sus características para que lleguen en perfecto estado a los clientes que los solicitan.

En este sentido, estamos haciendo referencia a aspectos como la limpieza de las diferentes zonas y sistemas de almacenaje, los niveles de humedad o la temperatura que necesitan ciertos productos para mantener el nivel de calidad, especialmente si se trata de perecederos, ya que si no presentan unas condiciones óptimas de conservación pueden ser perjudiciales para los clientes que los consuman.

Es por ello por lo que las instalaciones de los almacenes deben estar diseñadas y contar con las medidas y equipamientos necesarios para garantizar el perfecto estado de los productos almacenados, por lo que deben de disponer de zonas de dispensación, zonas frigoríficas o de temperatura controlada, entre otras.

IMPORTANTE

Para el mantenimiento de los productos, es muy importante conocer la tipología y las características de estos para proceder a un tipo de almacenamiento u otro.

De este modo, el almacenamiento de productos frescos no puede presentar las mismas condiciones que el almacenamiento de productos a temperatura ambiente, puesto que, de ser así, los primeros verían afectada su calidad y no podrían ser distribuidos a los clientes.

Por otro lado, para garantizar el buen funcionamiento de estos sistemas, los almacenes suelen llevar a cabo diferentes **tipos de mantenimiento** con el objetivo de prevenir posibles fallos que puedan afectar a la calidad de sus productos, entre los que podemos destacar:

- **Correctivo.** Se trata del mantenimiento que se realiza una vez que aparece la avería.
- **Preventivo.** Es un mantenimiento planificado y periódico que se lleva a cabo con el objetivo de supervisar los equipos de manera que el almacén pueda anticiparse a la aparición de posibles averías.

4.5. Despacho de materiales

El **despacho de materiales o expedición** hace referencia al proceso en el que los productos o pedidos de los clientes salen del almacén para ser distribuidas al cliente y cumplir con sus especificaciones en tiempo y forma, es decir, cumpliendo los plazos de entrega establecidos y entregando la cantidad de producto solicitada en perfecto estado.

Dentro del proceso de expedición podemos incluir el **denominado** *picking* **o preparación de pedidos.** Esto es así ya que la expedición es el último paso de un proceso que se inicia cuando el cliente realiza el pedido. De esta manera, una vez este es recibido por el almacén, los operarios de *picking* proceden a la extracción de los diferentes productos solicitados para llevarlos a la zona de expedición donde serán despachados hacia su punto de entrega.

De una manera gráfica, podemos representar el proceso mencionado mediante el siguiente esquema:

Con esto, a la hora de realizar el envío de los productos o pedidos, estos deben ir acompañados de la correspondiente documentación ya que, de no ser así, la mercancía no puede ser transportada ni entregada al cliente:

- ➲ **Albarán.** Documento que refleja la mercancía que va a ser entregada y que, de no ser aceptado por el cliente, no podrá realizarse la entrega.
- ➲ **Carta de porte.** Documento emitido por el servicio encargado de la distribución donde se describe la mercancía y las condiciones en las que es transportada.
- ➲ **Factura.** Documento que refleja la operación de compraventa efectuada.
- ➲ **Etiqueta de expedición.** Etiqueta que acompaña a la mercancía empleada para realizar el seguimiento y las condiciones en las que se encuentra la mercancía.

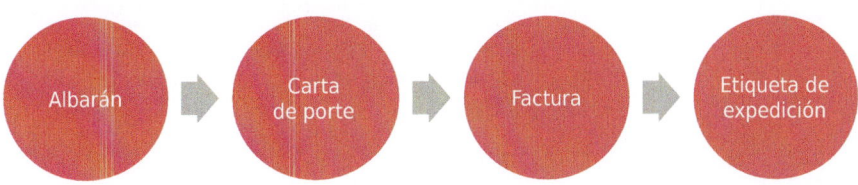

 **TAREA 1**

La empresa La Portuguesa S. L. dedicada al almacenamiento y comercialización de yogures y diferentes productos lácteos, basa su actividad en la distribución de productos a diferentes minoristas de su región.

¿Qué actividades se llevarán a cabo en su almacén de yogures y productos lácteos?

4.6. Coordinación del almacén con los departamentos de control de inventarios y contabilidad

Entendiendo que el almacén forma parte de la denominada cadena de suministro y que, a su vez, en su interior también se llevan a cabo una serie de operaciones en diferentes áreas, la coordinación entre los diferentes departamentos resulta imprescindible para conseguir resultados satisfactorios y generar una ventaja competitiva que permita a la empresa aumentar su presencia en el mercado logístico.

Por ello, debemos entender que el almacén es una parte muy importante dentro del organigrama de la empresa. En función de la actividad y tamaño que pueda tener esta, el organigrama contará con un mayor o menor número de departamentos entre los que debe existir **comunicación, colaboración y coordinación.**

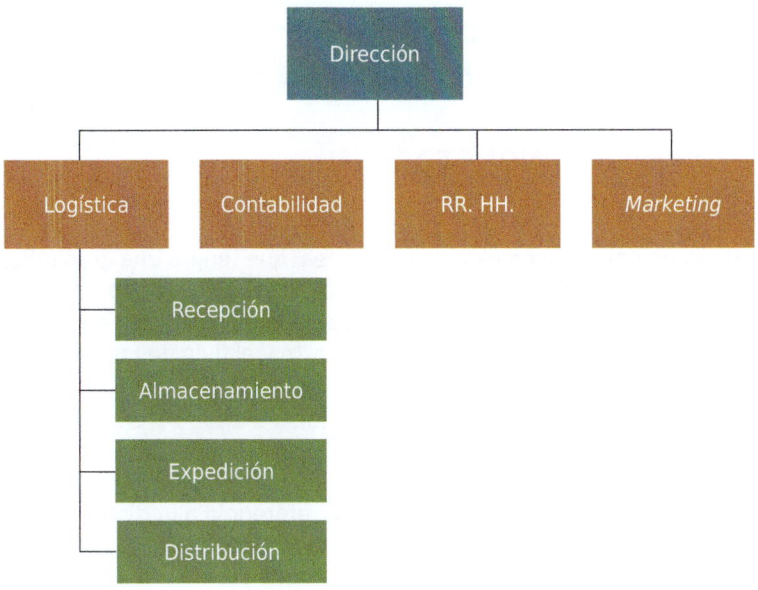

El organigrama muestra la jerarquía presente en una empresa y los diferentes niveles existentes.

En el caso concreto del almacén, la coordinación debe existir con todos los departamentos de la empresa, pero existen dos áreas donde el almacén debe llevar un trabajo más colaborativo como es el caso del **Departamento de Inventarios y el de Contabilidad.**

 **DEFINICIÓN**

Inventario

Es el recuento y contabilización de todos los productos y materiales existentes dentro de una empresa. Se considera físico cuando es realizado por los trabajadores e informático cuando es el resultado de las entradas y salidas de productos registradas.

El resultado derivado de ambos recuentos se conoce como *inventario real.*

5. Áreas del almacén: recepción, almacenamiento y entrega

👉 HILO CONDUCTOR

El diseño del almacén es una difícil tarea, que tendrá una gran influencia en el éxito o fracaso de la empresa. Por ello, Alejandro debe conocer las áreas que necesita para la realizar todos los procesos y asignar los espacios correspondientes en el almacén de manera que este y el flujo de mercancía sean lo más operativo y eficiente posible.

- -

El diseño del almacén o *layout,* hace referencia a la distribución de los distintos espacios que conforman el almacén y en los cuales se desarrollan las diferentes actividades necesarias para que los pedidos puedan llegar a los clientes en las condiciones solicitadas.

En todo caso, independientemente de la actividad comercial o industrial llevada a cabo por la empresa, y la tipología de almacén de que se trate, existen tres áreas que deben estar presentes en cualquier *layout* como son:

- **Recepción.** Es la zona habilitada para comprobar la cantidad y la calidad de la mercancía recibida y donde también se lleva a cabo la codificación de los diferentes productos mediante el sistema de etiquetado, así como su adaptación al almacenamiento en función del embalaje que presente la mercancía.
- **Almacenamiento.** Lugar donde se depositan los productos durante el tiempo que sea necesario. Dispone de una buena accesibilidad y seguridad para los que accedan a ella.
- **Entrega.** Zona destinada a la ubicación temporal de los productos o pedidos hasta que son introducidos en el medio de transporte para ser entregados al cliente. Esta área lleva a cabo los procesos de consolidación, embalaje, control y verificación de mercancías que van a ser expedidas.

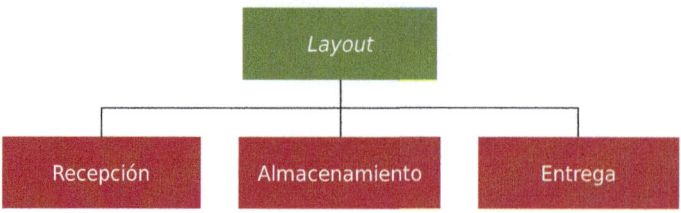

⚒ APLICACIÓN PRÁCTICA

La empresa **El Castillo se dedica a la distribución de bebidas para el sector de la hostelería de su región. En su día, lleva a cabo las siguientes tareas para hacer llegar sus productos a los clientes. Identifica la zona del almacén dónde se ejecutarían estas operaciones:**

- **Comprobar la estabilidad de los pedidos que van a ser distribuidos.**
- **Asegurar las condiciones óptimas para mantener en el mejor estado posible la mercancía.**
- **Registro de la mercancía que va a ser almacenada.**

Solución

En el área de expedición es donde se llevan a cabo las verificaciones finales, entre ellas, comprobar la estabilidad de la carga para su transporte.

En función de las características de los productos, el área de almacenamiento debe disponer de las condiciones necesarias para su óptima conservación.

El último paso de la recepción es el registro de entrada o alta de los productos que pasan a formar parte del *stock* de la empresa.

---

6. El almacén de Amazon

Los almacenes de Amazon son una parte fundamental de su operación logística. Funcionan como centros de distribución donde se reciben, almacenan, empaquetan y envían productos a los clientes.

Estos almacenes suelen estar equipados con **tecnología avanzada,** como sistemas de automatización, robots y algoritmos de planificación, para agilizar las operaciones y satisfacer la demanda de manera eficiente.

El funcionamiento puede variar dependiendo del tipo de almacén (por ejemplo, *fulfillment centers,* centros de clasificación, centros de envío rápido, etc.), pero, en términos generales, su operación implica varios pasos:

- **Recepción.** Los productos llegan a los *fulfillment centers* (centros de clasificación) desde proveedores o fabricantes. Se escanean, se registran en el sistema y se etiquetan para su identificación en el almacén.
- **Almacenamiento.** Utilizan algoritmos avanzados para asignar ubicaciones a los productos en función de su tamaño, categoría y demanda prevista. Los empleados colocan los artículos en estanterías o áreas designadas, a menudo utilizando sistemas de robots para mover productos a diferentes áreas del almacén.
- **Procesamiento de pedidos:**

  - *Picking:* cuando se realiza un pedido, el sistema notifica a los empleados del almacén para que recojan los productos. Usan dispositivos electrónicos que les guían a través del almacén para encontrar cada artículo en la ubicación designada.
  - *Packing:* después de recolectar todos los artículos, se empaquetan y etiquetan para su envío. Amazon ha desarrollado sistemas de embalaje eficientes para minimizar el desperdicio y optimizar la velocidad.

- **Automatización.** Amazon ha incorporado robots y sistemas automatizados en muchos de sus *fulfillment centers* para mejorar la eficiencia. Estos robots pueden ayudar en el movimiento de estanterías enteras, acelerando el proceso de *picking* al llevar las estanterías directamente a los empleados encargados de preparar los pedidos.
- **Tecnología y seguimiento.** La tecnología desempeña un papel clave en el funcionamiento de los almacenes de Amazon. Utilizan sistemas de seguimiento y gestión de inventario avanzados para controlar la ubicación y la cantidad de productos en tiempo real. Esto les permite optimizar las operaciones y mantener niveles de inventario precisos.
- **Devoluciones.** Cuando se procesan devoluciones, los productos regresan al almacén donde se inspeccionan y se vuelven a colocar en el inventario si están en condiciones de ser vendidos.
- **Envío.** Una vez que los pedidos están empaquetados, se entregan a los servicios de mensajería para su distribución. Amazon colabora con diversas empresas de envío para garantizar entregas rápidas y confiables a los clientes.

 **VÍDEO**

Puedes ver un vídeo donde se explica el funcionamiento de uno de los centros logísticos de Amazon ubicado en la ciudad de Barcelona. Para ello accede desde aquí:

Continúa en página siguiente >>

<< Viene de página anterior

https://redirectoronline.com/comt070102

---

7. El almacén de IKEA

Los almacenes de IKEA son pilares fundamentales en la estrategia empresarial de la compañía, desempeñando roles esenciales que van más allá de simplemente almacenar productos. Estos espacios logísticos juegan un papel crucial en diversos aspectos que definen la esencia y el éxito de IKEA como marca líder en muebles y artículos para el hogar.

Los almacenes de IKEA son la extensión física del innovador modelo de tienda-almacén de la empresa. Esta estructura no convencional permite a los clientes sumergirse en un recorrido experiencial único. Los almacenes exhiben una amplia gama de productos, permitiendo a los compradores interactuar directamente con los artículos antes de la compra, agregando valor a la experiencia de compra.

Por otro lado, la capacidad de almacenar una gran variedad de muebles, accesorios y artículos para el hogar es esencial para IKEA. Estos almacenes son espacios estratégicamente organizados y gestionados para garantizar un inventario completo y accesible. Así, la empresa puede mantener una oferta diversa y abundante para satisfacer la demanda de sus clientes en todo momento.

Además, los almacenes de IKEA no solo abastecen a las tiendas físicas, sino que también son parte integral de su cadena de suministro global. Estos centros logísticos desempeñan un papel crucial en la distribución de productos a nivel nacional e internacional, asegurando la entrega eficiente de mercancías a diversas ubicaciones geográficas.

El almacén de IKEA es el punto final del recorrido, donde los clientes recogen los artículos comprados.

En resumen, los almacenes de IKEA no son meros depósitos de productos, sino motores estratégicos que impulsan la experiencia de compra, la logística eficiente y la sostenibilidad de la empresa. Su importancia radica en su capacidad para integrar la visión de IKEA de ofrecer productos de calidad, una experiencia de compra única y un compromiso con la innovación y la sostenibilidad.

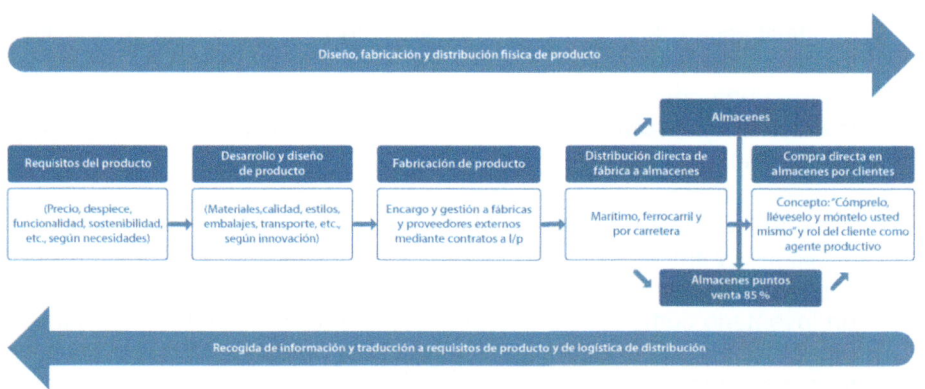

Esquema de la gestión integrada de toda la cadena de suministro de IKEA

8. Resumen

El almacén supone la mejor herramienta de la que disponen las empresas logísticas para hacer llegar a los clientes los productos que estos solicitan cumpliendo sus especificaciones de calidad y tiempo.

Esto es así porque en su interior tienen lugar todas las operaciones que van a propiciar que los productos se encuentren en perfectas condiciones y los procesos por los cuales los tiempos de entrega pactados con el cliente se cumplan en todo momento, factores que añaden valor al producto y servicio y que son percibidos por este.

Por lo tanto, es muy importante que los almacenes funcionen en base a unos principios organizativos y desempeñen unas funciones establecidas y compartidas por todos los trabajadores con el fin de aumentar la operatividad, la productividad y el rendimiento del almacén y, por consiguiente, de la empresa.

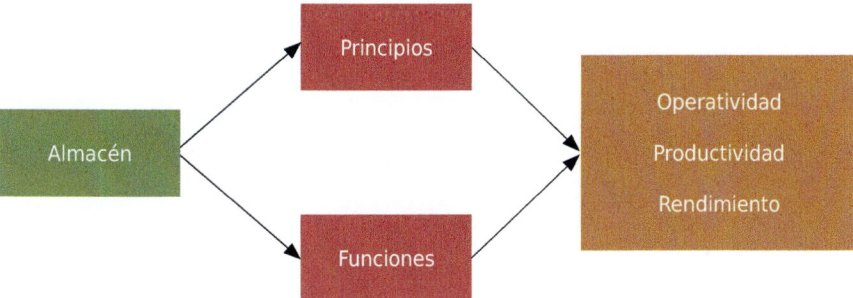

Por otro lado, para alcanzar esa mejora en la productividad o en el rendimiento, resulta esencial que en el almacén se encuentren perfectamente delimitadas las diferentes zonas donde se van a ejecutar las operaciones y procesos desde el momento que se reciben las mercancías hasta que abandonan las instalaciones.

Así pues, los trabajadores deben conocer perfectamente el lugar en que se encuentran las diferentes áreas y las tareas que se deben realizar en cada una de ellas, de este modo se estandarizarán los procesos y se conseguirá que todos los trabajadores ejecuten su actividad de la misma manera.

Ejercicios de autoevaluación
Unidad de Aprendizaje 1

1. Determina si la siguiente oración es verdadera o falsa: "Las empresas buscan aumentar el número de existencias para cumplir con los pedidos demandados":

   ■ Verdadero
   ■ Falso

2. Principio que hace referencia a que el almacén debe presentar un nivel de existencias con el cual sea capaz de satisfacer la demanda de sus clientes:

   a. Equilibrio
   b. Flexibilidad
   c. Coordinación
   d. Optimización

3. El almacenaje...

   a. ... es el proceso de verificación y comprobación posterior a la entrada de los artículos.
   b. ... hace referencia a las condiciones que deben existir para que los productos se mantengan en óptimas condiciones.
   c. ... se basa en el almacenamiento de productos necesarios sin incurrir en sobrecostes derivados del almacenaje o gestión
   d. ... se trata de la ubicación de los productos en los sistemas de almacenaje adecuados.

4. Es la última fase donde los productos recibidos son dados de alta en el sistema y pasan a formar parte del *stock* del almacén:

   a. Registro
   b. Etiquetado
   c. Descarga
   d. Clasificación

5. ¿Cuál es el sistema de almacenamiento más adecuado cuando los productos presentan una fecha de caducidad?

    a. Convencional
    b. Dinámico
    c. En bloque
    d. Todas las opciones son incorrectas.

6. Determina si la siguiente oración es verdadera o falsa: "El mantenimiento correctivo es el que se lleva a cabo una vez aparece la avería":

    ■ Verdadero
    ■ Falso

7. Documento que refleja la mercancía que va a ser entregada y que, de no ser aceptado por el cliente, no podrá realizarse la entrega:

    a. Factura
    b. Albarán
    c. Carta de porte
    d. Etiqueta de expedición

8. Determina si la siguiente oración es verdadera o falsa: "El diseño del almacén o *layout,* hace referencia a la distribución de los distintos espacios que conforman el almacén y en los cuales se desarrollan las diferentes actividades necesarias para que los pedidos puedan llegar a los clientes en las condiciones solicitadas":

    a. Verdadero
    b. Falso

9. Documento con el que comprobar que la mercancía solicitada es la que conforma el pedido:

    a. Albarán
    b. Orden de *picking*
    c. Carta de porte
    d. Factura

10. Ordena adecuadamente los siguientes procesos del almacén:

   a. Recepción – Almacenamiento - Entrega
   b. Entrega – Recepción – Almacenamiento
   c. Almacenamiento– Entrega – Recepción
   d. Recepción – Entrega – Almacenamiento

Equipamiento y sistemas de movimiento y colocación en el almacén

Contenido

Objetivos

El objetivo general de esta Unidad de Aprendizaje es:

→ Integrarse en un equipo de trabajo para ofrecer un servicio de almacén de calidad, así como identificar las características y funcionalidad del equipamiento y sistemas de movimientos y de colocación en los distintos tipos de almacén.

Los objetivos específicos de esta Unidad de Aprendizaje son:

→ Emplear el trabajo en equipo como instrumento para generar una ventaja competitiva.

→ Identificar el tipo de equipo de trabajo de un almacén.

→ Identificar el tipo de envase.

→ Conocer los medios posibles para la protección y movimiento de las cargas.

1. Introducción

En la actualidad de cualquier compañía, sea cual sea su sector de actuación, el personal existente en todas ellas es uno de los factores disponibles para poder ofrecer productos o servicios de mejor calidad o con mejores condiciones que el resto de las empresas que constituyen la competencia. Es por este motivo, por lo que el capital humano adquiere un importantísimo valor dentro de la estructura organizacional de toda empresa.

Así pues, cualquier organización dentro del contexto logístico, necesita recursos humanos para llevar a cabo todas las actividades necesarias, desde la planificación de sus procesos y el establecimiento de los diferentes objetivos que se quieran alcanzar, hasta el uso y manejo de los diferentes equipamientos o programas informáticos.

Partiendo de la base de que el objetivo principal de un almacén es lograr la satisfacción de sus clientes, será imprescindible que el personal responsable de realizar las diferentes operaciones se encuentre cualificado y reúna las capacidades necesarias para alcanzar el éxito en dichas operaciones. Este es el motivo fundamental por el que la gestión del equipo humano del almacén constituye uno de los aspectos donde las empresas dirigen un alto porcentaje de sus recursos.

En este contexto, los responsables de los almacenes están optando cada vez más por la creación de grupos o equipos de trabajo como el medio óptimo para lograr el mejor resultado en las tareas que deben llevarse a cabo. Esta es una herramienta que mejora la productividad y el rendimiento de la empresa, pero que no siempre resulta la mejor opción, pues también puede generar una serie de inconvenientes que analizaremos a lo largo de esta unidad.

En este sentido, y continuando conociendo el caso de Alejandro como responsable de almacén, este ha optado por organizar el trabajo a través de la formación de distintos equipos para su ejecución teniendo en cuenta los diferentes equipos de almacenamiento de los que dispone el almacén y los sistemas para el movimiento de las diferentes cargas.

2. Equipo de trabajo y trabajo en equipo en el almacén

 HILO CONDUCTOR

Ante la variedad de tareas que deben ejecutarse en almacén, Alejandro debe valorar llevar a cabo la realización de estas mediante la creación de equipos de trabajo o realizarlas de manera individual. Para ello deberá tener en cuenta la capacitación y cualificación del personal y el grado de especialización necesario para desarrollarlas correctamente.

- -

Desde un punto de vista empresarial, debemos entender que **el almacén** es una empresa o una parte de esta, y que, al igual que el resto, su objetivo fundamental es **la satisfacción y fidelización de clientes** generando el **mayor beneficio económico** posible e intentando minimizar sus costes en la medida de lo posible.

Por todo esto, la organización del personal humano del almacén en equipos de trabajo se ha convertido en un medio esencial a la hora de aumentar la productividad en todos los procesos que den llevarse a cabo en el interior de un almacén. No obstante, para que este medio de trabajo sea eficiente, todos los integrantes de un equipo de trabajo deben asumir un alto nivel de responsabilidad y conocer a la perfección las funciones a realizar y las que deben ser desempeñadas por el resto de los miembros.

 **NOTA**

Las ventajas competitivas son aquellos aspectos o elementos de una empresa que les permiten ganar mercado a través de la diferenciación con el resto de las empresas existentes.

- -

El objetivo principal a la hora de desempeñar las tareas y actividades de un almacén en grupo es **establecer metas comunes y asumidas por todos los participantes** en un escenario donde la productividad aumente y no exista ningún tipo de conflictos interpersonales. Por ello, los normal es que los equipos de trabajo estén formados por **trabajadores cualificados** en la realización de distintas tareas, de modo que la consecución de estas de manera individual suponga el éxito colectivo de todos.

2.1. Equipo de trabajo. Relaciones

Las relaciones dentro de un equipo de trabajo son los cimientos que sostienen la efectividad y el dinamismo colectivo. La interacción diaria entre los miembros no solo trata de cumplir tareas, sino de establecer conexiones significativas que generan confianza y fomentan la colaboración. Cuando las relaciones son sólidas, la comunicación fluye con naturalidad, los conflictos se abordan de manera constructiva y se crea un ambiente donde cada voz es valorada. Esta sinergia entre trabajadores de un mismo equipo no solo impulsa el rendimiento laboral, sino que también nutre un sentido de pertenencia y propósito compartido.

Las relaciones sólidas dentro del equipo de trabajo no solo impactan en el ámbito laboral, sino que también influyen en la satisfacción personal de cada individuo. Un equipo en el que existe confianza, comunicación abierta y respeto mutuo se convierte en un espacio donde las diferencias se celebran y se convierten en fortalezas. Estas relaciones constructivas allanan el camino para una cooperación fluida, el crecimiento profesional y la creación de un entorno laboral que inspira a cada miembro a alcanzar su máximo potencial.

Con todo esto, existen algunas áreas clave donde las relaciones juegan un papel importante:

- ⊃ **Comunicación.** Es esencial para coordinar las actividades diarias, compartir información sobre inventario, pedidos y cambios en los procesos. Una comunicación clara y efectiva ayuda a prevenir errores y minimizar confusiones.
- ⊃ **Colaboración.** Trabajar juntos en equipo para llevar a cabo tareas, desde la recepción de productos hasta el empaquetado y envío, optimiza el flujo de trabajo. La colaboración efectiva mejora la eficiencia y la precisión en el manejo de inventario.
- ⊃ **Confianza.** Cuando los miembros del equipo confían unos en otros, se sienten más cómodos compartiendo ideas, resolviendo problemas y siendo transparentes sobre posibles errores. Esto promueve un ambiente en el que se aprende de los errores, en lugar de ocultarlos.
- ⊃ **Respeto y apoyo mutuo.** Reconocer y valorar las habilidades y opiniones de los compañeros de equipo crea un entorno de trabajo positivo.

Brindar apoyo cuando sea necesario y ser respetuoso con las diferencias individuales fortalece la unidad del equipo.

- **Resolución de conflictos.** Los desacuerdos pueden surgir, pero saber manejarlos de manera constructiva es clave. Fomentar la resolución pacífica de conflictos ayuda a mantener un ambiente de trabajo armonioso.
- **Liderazgo.** Un líder efectivo en un entorno de almacén puede facilitar la cooperación entre los miembros del equipo, motivarlos y ayudar a mantener un ambiente de trabajo positivo.

2.2. Interdependencia en las relaciones profesionales del almacén y operaciones logísticas

La interdependencia en las relaciones profesionales entre el almacén y las operaciones logísticas es crucial para mantener una cadena de suministro eficiente y efectiva. El almacén y las operaciones logísticas están estrechamente entrelazados y su colaboración afecta directamente la capacidad de una empresa para satisfacer la demanda del cliente y optimizar sus procesos.

El almacén depende de las operaciones logísticas para recibir y enviar productos de manera oportuna y precisa. La planificación y ejecución logística son vitales para coordinar la distribución eficiente de productos desde proveedores hasta clientes. Cualquier retraso o error en la cadena logística podría impactar directamente en la disponibilidad de productos en el almacén, afectando a la capacidad de cumplir con los pedidos y a mantener niveles óptimos de inventario.

A su vez, el almacén tiene un papel clave en las operaciones logísticas al gestionar y mantener el inventario de manera precisa. La **comunicación fluida** entre ambos sectores es esencial para prever la demanda, planificar el almacenamiento adecuado de productos y asegurar una distribución eficiente. Los datos sobre el inventario en el almacén son fundamentales para las decisiones logísticas, como la programación de envíos y la optimización de rutas.

En resumen, la interdependencia entre el almacén y las operaciones logísticas es un componente fundamental para el éxito de una cadena de suministro. La colaboración efectiva y la comunicación constante entre estos dos sectores son esenciales para garantizar una gestión eficiente de inventario, movimientos precisos de productos y la satisfacción general del cliente.

La cooperación entre los profesionales del almacén es imprescindible a la hora de conseguir un alto servicio al cliente.

 SABÍAS QUE...

Las operaciones logísticas comprenden una serie de actividades involucradas en la gestión y movimiento de productos desde el punto de origen hasta el consumidor final. Entre ellas, podemos destacar la gestión de inventario, el almacenamiento, el embalaje y etiquetado, transporte, gestión de pedidos y el seguimiento y control.

2.3. Objetivos del almacén y del inventario

El almacén y el inventario son piezas fundamentales en la gestión logística de una empresa. El almacén representa el corazón físico de la cadena de suministro, donde se almacenan, gestionan y distribuyen los productos. Su función principal radica en proporcionar un espacio seguro y organizado para mantener los bienes, garantizando un flujo eficiente desde la recepción de la mercancía hasta su envío.

Por otro lado, el inventario es la representación detallada y sistemática de todos los bienes almacenados en el almacén y a lo largo de la cadena de suministro, ofreciendo información actualizada sobre la cantidad, ubicación y estado de los productos. Esta herramienta esencial permite a la empresa mantener un control preciso de sus existencias, pronosticar la demanda, minimizar costos de almacenamiento y tomar decisiones informadas sobre compras, producción y distribución. En conjunto, el almacén y el inventario colaboran para garantizar una gestión óptima de los bienes, asegurando que estén disponibles en el momento y lugar adecuados para satisfacer las necesidades del mercado.

El almacén y el inventario tienen **objetivos específicos** que se complementan para mantener una gestión eficiente de los bienes en una empresa, estos son los siguientes:

⊃ **Objetivos específicos del almacén:**

- **Optimización del espacio.** Maximizar la capacidad de almacenamiento utilizando de manera eficiente el espacio disponible para reducir costos y mejorar la organización.
- **Gestión de inventario.** Asegurar un flujo constante y eficiente de bienes, minimizando pérdidas por daños, obsolescencia o robo, mientras se mantienen niveles adecuados de *stock* para satisfacer la demanda.
- **Eficiencia operativa.** Agilizar los procesos logísticos dentro del almacén, desde la recepción de la mercancía hasta su envío, minimizando tiempos y optimizando recursos.
- **Exactitud en la gestión.** Garantizar la precisión en la identificación, localización y manipulación de productos para evitar errores y pérdidas.
- **Seguridad.** Mantener estándares de seguridad para prevenir accidentes laborales, proteger la integridad de los productos y asegurar un entorno laboral seguro.

⊃ **Objetivos específicos del inventario:**

- **Optimización de costos.** Mantener niveles de inventario que satisfagan la demanda, sin incurrir en exceso de almacenamiento que genere costos adicionales.
- **Satisfacción del cliente.** Asegurar la disponibilidad de productos en el momento y cantidad requeridos para cumplir con las expectativas de los clientes.
- **Rotación de inventario.** Maximizar la rotación de productos para minimizar la obsolescencia y reducir el riesgo de tener productos desactualizados o que no se vendan.
- **Gestión de la cadena de suministro.** Contribuir a una gestión eficiente de la cadena de suministro, asegurando que los productos estén disponibles cuándo y dónde se necesiten.
- **Precisión en la información.** Mantener registros precisos de inventario que reflejen la cantidad real de productos disponibles y faciliten la toma de decisiones estratégicas.

2.4. Responsabilidad e interacción del operario del almacén

Los operarios del almacén representan la columna vertebral de la gestión logística. Su responsabilidad se extiende más allá de simplemente mover y almacenar productos; abarca la ejecución precisa de cada tarea para garantizar la fluidez de la cadena de suministro.

Por lo tanto, la interacción del operario del almacén abarca diversas áreas fundamentales como son:

- **Gestión de inventario.** El operario del almacén es responsable de mantener un control preciso de los productos almacenados. Esta responsabilidad incluye la recepción, verificación, etiquetado, registro y almacenamiento de los productos de manera ordenada y segura.
- **Manejo de la carga.** La manipulación adecuada de los productos es esencial para evitar daños y pérdidas. El operario del almacén debe utilizar técnicas y equipos adecuados para cargar, descargar, mover y empacar los productos de manera eficiente y segura.
- **Mantenimiento del orden.** Es crucial mantener la organización dentro del almacén para facilitar la localización y recuperación rápida de productos. Esto implica etiquetar, clasificar y ubicar los productos en áreas designadas para maximizar el espacio y optimizar los procesos.
- **Colaboración con otros departamentos.** La interacción del operario del almacén se extiende a otros departamentos, como compras, ventas o distribución, para coordinar la recepción y envío de productos, asegurando una comunicación fluida y precisa.
- **Seguridad y cumplimiento de normativas.** El operario del almacén debe seguir protocolos de seguridad establecidos para evitar accidentes y garantizar un ambiente de trabajo seguro. Además, es responsable de cumplir con las normativas y procedimientos relacionados con el manejo de productos, transporte y almacenamiento.

2.5. Relaciones con los superiores jerárquicos y otros operarios

El número de trabajadores de los que dispondrá un almacén vendrá determinado por una serie de **factores** que harán aumentar o disminuir la plantilla de trabajadores, como, por ejemplo:

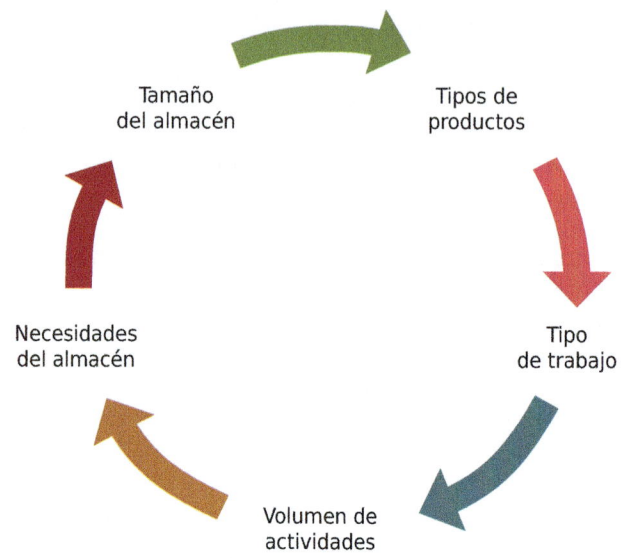

Tamaño del almacén

Tipos de productos

Necesidades del almacén

Tipo de trabajo

Volumen de actividades

A raíz del organigrama de la empresa, podremos identificar los tipos de comunicación existentes dentro del almacén, dependiendo del nivel jerárquico de las personas trabajadoras:

- **Vertical.** Surge cuando tiene lugar una conversación entre personas que están sujetas a relaciones jerárquicas. En este sentido, podemos diferenciar entre:

  - Comunicación ascendente: cuando se realiza de los empleados a los directivos o superiores jerárquicos.
  - Comunicación descendente: cuando la comunicación va dirigida desde los directivos a las personas empleadas.

- **Horizontal.** Consiste en la transmisión de información entre personas del mismo nivel jerárquico.

2.6. Relaciones con otros operadores externos a la empresa

Las relaciones con operadores externos son un componente crucial para el éxito de cualquier empresa. Estas interacciones se extienden más allá de las fronteras de la organización e implican colaboraciones estratégicas con proveedores, socios comerciales, contratistas y otros actores clave en la cadena de suministro. Establecer y mantener relaciones sólidas con estos operadores es fundamental para garantizar la calidad de los productos y servicios, así como para mantener la eficiencia operativa.

En el ámbito logístico, estas relaciones pueden involucrar a una variedad de actores:

- **Proveedores y fabricantes.** Establecer relaciones sólidas con proveedores y fabricantes es crucial para asegurar el suministro constante de materias primas y productos. Mantener una comunicación fluida y establecer acuerdos de colaboración puede ayudar a anticipar cambios en la demanda y optimizar la gestión de inventario.
- **Transportistas y operadores logísticos.** Colaborar estrechamente con transportistas y operadores logísticos es esencial para garantizar la entrega oportuna y eficiente de productos. Estas relaciones pueden incluir acuerdos de servicio, negociación de tarifas y coordinación logística para optimizar rutas y reducir costos.
- **Almacenes y centros de distribución.** Las relaciones con almacenes y centros de distribución externos son fundamentales para la gestión eficiente de inventario y la optimización de la cadena de suministro. Coordinar el almacenamiento y la distribución de productos puede ayudar a minimizar tiempos de espera y mejorar la disponibilidad de productos para los clientes.
- **Clientes y minoristas.** Mantener una comunicación constante con los clientes y minoristas es esencial para comprender sus necesidades y expectativas. Esta retroalimentación puede influir en la planificación de la demanda, la gestión de inventario y las estrategias de entrega para satisfacer las necesidades del mercado.
- **Autoridades regulatorias y aduanas.** En operaciones logísticas internacionales, las relaciones con las autoridades regulatorias y aduanas son cruciales para asegurar el cumplimiento de las normativas y facilitar el despacho aduanero, garantizando un flujo sin contratiempos de los productos a través de las fronteras.

3. Aplicación del concepto de trabajo en equipo

 **HILO CONDUCTOR**

Como responsable del almacén, Alejandro debe planificar y organizar las tareas distribuyendo responsabilidades y estableciendo los objetivos. El mejor método

Continúa en página siguiente >>

<< Viene de página anterior

que puede emplear es la realización de reuniones con los supervisores de cada zona para que, de esta manera, la información viaje jerárquicamente hasta los operarios.

De esta manera, podrá centrarse en el seguimiento y evaluación de la planificación realizada previamente a la ejecución de las tareas.

La clave para que un equipo de trabaje funcione de manera eficiente y logre alcanzar los objetivos establecidos, es **la coordinación** de las actividades que deben ser ejecutadas y de los miembros que forman el equipo. Con la realización de equipos de trabajo pueden optimizarse numerosos procesos como la toma de decisiones o la implantación de mejoras, ya que se trata de un intercambio de información y opiniones entre trabajadores que tienen una relación directa con los procesos de un almacén al ser los responsables de su ejecución.

No obstante, además de la mejora en la productividad y en el rendimiento de los trabajadores, este método de trabajo supone otra serie de **beneficios** para los almacenes como son:

> Si el equipo funciona correctamente, el clima laboral será mejor para los trabajadores, lo que hará que aumenten sus responsabilidades y capacidades de cara a la tarea.

> La propia estructura del equipo reduce la necesidad de revisión continua por parte de un nivel jerárquico superior, ya que el propio equipo es responsable de su rendimiento pues el éxito depende del desempeño colectivo.

> El hecho de pertenecer a un equipo de trabajo aumenta el sentido de pertenencia de los trabajadores, hecho que se traducirá en un aumento de la motivación y, por lo tanto, en la obtención de mejores resultados.

El trabajo en equipo y el concepto de equipo de trabajo son pilares fundamentales en el ámbito laboral contemporáneo. El trabajo en equipo representa el corazón de una dinámica laboral exitosa, donde la sinergia entre individuos con habilidades diversas se convierte en la piedra angular para alcanzar metas comunes. Es un concepto que va más allá de la mera colaboración, promoviendo una interacción armoniosa donde la comunicación fluida, el apoyo mutuo y la suma de fortalezas individuales generan un rendimiento colectivo superior.

Por otro lado, un equipo de trabajo es la manifestación tangible de esta sinergia, un conjunto estructurado y cohesionado de individuos que, gracias a la definición clara de roles y responsabilidades, trabajan en conjunto con un propósito compartido.

Así pues, podemos definir conceptualmente estos dos términos de la siguiente manera:

Trabajo en equipo
- Se refiere a la colaboración de individuos con habilidades y experiencias diversas, que se unen para alcanzar metas comunes. Es un enfoque donde cada miembro contribuye con sus fortalezas individuales para lograr un objetivo colectivo.

Equipo de trabajo
- Se basa en la coordinación de los miembros y de las tareas existiendo una estructura y una comunicación conocida y aceptada por todos los participantes. La finalidad es la creación de distintas sinergias de modo que el resultado colectivo es mayor a la suma de las aportaciones de cada miembro, estableciendo unos objetivos y tareas comunes.

3.1. Ventajas y desventajas

La mayoría de los responsables de los almacenes optan por **la creación de equipos de trabajo** para el desempeño de las diferentes tareas y procesos que deben llevarse a cabo. No obstante, esto no quiere decir que sea el único método empleado, ya que existen numerosas actividades que exigen un alto nivel de especialización y donde la mejor opción es el trabajo en equipo. De esta manera, ambos conceptos presentan una serie de ventajas e inconvenientes a la hora de ejecutar las diferentes actividades existentes en el interior de un almacén:

➲ **Trabajo en equipo:**

  ◉ **Ventajas**

    ⇕ Diversidad de habilidades: al reunir personas con diferentes habilidades y experiencias, se generan soluciones más creativas y se abordan los problemas desde múltiples perspectivas.

- Mayor eficiencia: la distribución de tareas y la colaboración permiten completar proyectos más rápidamente, ya que varios miembros pueden trabajar simultáneamente en distintos aspectos.
- Desarrollo personal y profesional: el trabajo en equipo fomenta el aprendizaje entre pares, el intercambio de conocimientos y habilidades, lo que puede resultar en un crecimiento personal y profesional.
- Mayor motivación: sentirse parte de un equipo y contribuir a un objetivo común puede aumentar la motivación y el compromiso con el trabajo.

Desventajas

- Conflictos interpersonales: las diferencias de opinión o enfoques pueden generar conflictos dentro del equipo, lo que podría dificultar el progreso y afectar el ambiente laboral.
- Toma de decisiones más lenta: el consenso puede llevar más tiempo que tomar decisiones de manera individual, especialmente si hay desacuerdos dentro del equipo.
- Posible pérdida de identidad individual: en equipos muy cohesionados, algunos individuos podrían sentir que sus opiniones o contribuciones se diluyen en el esfuerzo colectivo.

Equipos de trabajo:

Ventajas

- Comunicación efectiva al ser conocida y aceptada por todos.
- El ambiente laboral es mejor debido a la existencia de relaciones interpersonales entre los miembros.
- Mayor eficiencia en la realización de las actividades basadas en la organización y coordinación del equipo.
- Aumento de la responsabilidad de los integrantes del grupo.
- Mejora de los resultados colectivos e individuales.

Desventajas

- Creación de subgrupos que puedan interferir en la consecución de los objetivos.
- Los procesos o actividades pueden disminuir su velocidad debido al número de miembros.
- Posibilidad de que algún miembro disminuya sus esfuerzos respaldándose en el trabajo de los demás.
- Reducción de la eficacia si la estructura y organización grupal, así como los objetivos no se plantean de manera clara y son aceptados por todos.

SABÍAS QUE...

Empresas como Google o Inditex tienen un modelo organizativo basado en equipos de trabajo orientados a la capacidad de adaptación de sus trabajadores a los diferentes cambios.

3.2. Roles: mentales, de acción y sociales

Los roles son las diferentes funciones y responsabilidades que desempeñamos en múltiples aspectos de nuestra vida. Estos roles pueden ser asignados por la sociedad, basados en normas culturales o adquiridos a través de experiencias y aprendizajes individuales. En conjunto, los roles que ocupamos definen nuestra identidad, moldean nuestras interacciones con los demás y contribuyen a la construcción de nuestra vida cotidiana, permitiéndonos cumplir funciones vitales tanto en el ámbito personal como en el ámbito colectivo.

Así pues, los roles que desempeñamos en la vida diaria pueden categorizarse en los siguientes:

- **Mentales.** Estos roles se refieren a las funciones cognitivas y emocionales que llevamos a cabo en nuestra mente. Incluyen:

  - **Analítico:** implica la capacidad de analizar información, resolver problemas y tomar decisiones basadas en el razonamiento lógico.
  - **Creativo:** involucra la generación de nuevas ideas, la imaginación y la capacidad de pensar de manera innovadora para resolver problemas o crear algo nuevo.
  - **Emocional:** incluye la gestión de emociones propias y la empatía hacia los demás, así como la capacidad de reconocer y comprender las emociones.

- **Acción.** Estos roles están relacionados con las acciones físicas y comportamientos que realizamos en diferentes contextos:

  - **Profesional:** se refiere a las responsabilidades y tareas específicas dentro de un entorno laboral o profesional, cumpliendo con funciones designadas y contribuyendo al logro de metas organizacionales.

○ **Familiar:** involucra las actividades y responsabilidades dentro del núcleo familiar, como cuidar de los miembros de la familia, tomar decisiones y apoyar emocionalmente a los seres queridos.

○ **Social:** consiste en las interacciones y contribuciones en la comunidad, incluyendo participación en actividades cívicas, voluntariado y colaboración con otros para mejorar el entorno social.

⮑ **Sociales.** Estos roles se refieren a las posiciones que ocupamos en relación con otras personas en la sociedad:

○ **Género:** los roles asignados culturalmente relacionados con el género, que pueden influir en las expectativas sociales y comportamientos asociados con ser hombre, mujer u otras identidades de género.

○ **Amigo:** implica mantener relaciones sociales, brindar apoyo emocional, compartir actividades y crear lazos significativos con amigos y compañeros.

○ **Líder o seguidor:** la capacidad de guiar a otros o seguir instrucciones dentro de un grupo, lo que implica tomar decisiones, motivar, coordinar o ser parte activa en la realización de tareas bajo la dirección de un líder.

4. Equipos de almacenamiento y unidades de manipulación

 **HILO CONDUCTOR**

Debido a la gran variedad de productos, las diferentes características que pueden presentar cada uno de ellos y a los diferentes soportes en los que pueden llegar a su almacén, Alejandro debe tener en cuenta estos aspectos para poder realizar un diseño del área de almacenamiento que garantice un proceso de almacenaje eficiente y optimice los procesos que deban desarrollarse como son el control de existencias y la extracción de mercancías para conformar los pedidos que soliciten los clientes.

Los sistemas o equipos de almacenamiento son todas aquellas estructuras presentes en la zona del almacén destinada al almacenaje que soportan y conservan todos los productos en los diferentes formatos o soportes que puedan presentar.

El elemento principal y más empleado para llevar a cabo este proceso son las estanterías y las múltiples variantes que existen de este tipo de estructura con el fin de ajustarse a las características de los productos que deban almacenar y en función del grado de automatización que presenten.

En este sentido, los sistemas de almacenaje pueden clasificarse según:

- **La manipulación de la mercancía.** Este criterio hace referencia al estado en el que se encuentra la mercancía, es decir, si puede ser manipulada mediante equipos de manutención o, por el contrario, necesita sistemas espaciales de almacenaje debido a la inexistencia de soportes como es el caso de la mercancía a granel.
- **Las estanterías.** Son el método de almacenamiento más empleado debido a la flexibilidad que ofrecen a la hora de poder almacenar productos de una gran variedad de características y soportes, además de ser compatibles con medios de almacenaje convencional y automatizados.
- **La organización de las mercancías.** Este criterio se refiere al método empleado por el almacén a la hora de asignar ubicaciones de los productos, bien empleando siempre el mismo lugar para los mismos productos o almacenando en función del espacio disponible.

 **EJEMPLO**

Cuando la mercancía que debe ser recepcionada es transportada a granel, los almacenes suelen emplear silos o cisternas para su almacenamiento de manera que son manipuladas cuando hay que proceder a la preparación de pedidos.

Los silos son el sistema empleado cuando la mercancía se almacena a granel como puede ser el caso de los cereales o productos líquidos que no presentan ningún tipo de envase o embalaje.

✎ ACTIVIDAD COMPLEMENTARIA

2. Valora la importancia que puede tener para los almacenes la implantación de sistemas de almacenaje automático a pesar de la gran inversión que conlleva. ¿Cuándo resulta rentable la implantación de estos sistemas?

4.1. Estantería

En este sentido, exceptuando el almacenamiento de la mercancía a granel, los medios empleados para el almacenaje de los productos son *las estanterías*. Por ello, existen diferentes tipos en función de las necesidades que tenga el almacén desde el punto de vista de la manipulación de los productos, su presentación o la rotación, entre otros.

Así pues, podemos realizar la siguiente clasificación a la hora de determinar las diferentes variantes de este sistema de almacenamiento:

➲ **Carga manual.** Sirven para todo tipo de productos, ya que sus dimensiones son fácilmente modificables y las posibles ampliaciones para aumentar la capacidad de almacenamiento se realizan de forma rápida y sencilla.

Las estanterías de carga manual pueden modificar su estructura y ser instaladas en diferentes espacios, como son las áreas refrigeradas.

- **De *picking*.** Se trata de estanterías con gravedad, ya que presentan una leve inclinación, formadas por múltiples bandejas donde los artículos son depositados para facilitar la preparación de pedidos.
- ***Racks.*** Son una estructura metálica diseñada para el almacenamiento de palés con fácil acceso y especialmente útil para el almacenaje de productos heterogéneos de muchas referencias y con rotación de nivel bajo.

Los racks son estanterías que permiten el almacenamiento de palés con diferentes productos y cuya capacidad depende de las limitaciones del almacén.

- **Compactas.** Estanterías empleadas cuando el almacenamiento de los productos se lleva a cabo en bloque y de manera homogénea, optimizando la capacidad máxima de almacenamiento.

Los sistemas compactos favorecen el almacenamiento del mismo tipo de productos.

⊃ **Drive in.** Es un sistema de almacenamiento en el que la estantería se encuentra anclada a las paredes del almacén formando calles interiores de carga donde se depositan los palés. Este sistema de almacenamiento resulta muy útil en el uso del método LIFO.

Por ejemplo, las estanterías *drive in* crean un carril de acceso para la extracción y ubicación de la mercancía.

⊃ **Drive through.** A diferencia del sistema anterior, este tipo de estantería permite el acceso y extracción de palés por ambos lados empleando un sistema de rodillos que favorece el empleo del método FIFO.

Por ejemplo, el sistema rotativo de las estanterías *drive through* favorece la extracción cronológica de los productos.

El sistema drive through permite la introducción de los palés por un lateral y su extracción por el otro mediante el movimiento de estos a través de los carriles.

⊃ **Móviles.** Son estanterías con desplazamiento sobre bases móviles o raíles que permiten la eliminación de los pasillos, favoreciendo un fácil acceso a los palés.

Los sistemas móviles de almacenamiento permiten la compactación de las estanterías con el fin de optimizar el espacio del almacén.

● ***Cantilever.*** Estanterías empleadas para el almacenamiento de mercancías voluminosas mediante el empleo de soportes metálicos que suelen estar anclados en las paredes del almacén.

Las estanterías cantilever suelen emplearse para materiales de construcción debido a su peso y grandes dimensiones.

 DEFINICIÓN

LIFO
Método rotativo de productos basado en que la última existencia en ser almacenada es la primera en ser extraída *(last in, first out)*.

FIFO
Método rotativo de productos basado en que la primera existencia en ser almacenada es la primera en ser extraída *(first in, first out)*.

⊕ PARA SABER MÁS

Obtén más información de los tipos de estantería *drive in* y *drive through* accediendo desde aquí:

Continúa en página siguiente >>

<< Viene de página anterior

Estantería *Drive in*	Estantería *Drive through*

https://redirectoronline.com/coml008po0402	*https://redirectoronline.com/coml008po0403*

 APLICACIÓN PRÁCTICA

La empresa Ron&Otto se dedica al almacenaje de diferentes tipos de productos para llevar a cabo la distribución a sus clientes. Debido a la variedad de mercancías que suministran, deben seleccionar los sistemas de almacenaje (bloque, a granel o estanterías) que mejor se adapten a la tipología de productos.

Indica el sistema de almacenamiento más adecuado para el almacenaje de los siguientes productos:

- **Cebada antes de ser transformada en harina.**
- **Láminas voluminosas de madera.**
- **Bidones de producto líquido paletizados muy resistentes.**

Solución

La relación correcta de los sistemas de almacenaje con los productos indicados anteriormente es la siguiente:

Cebada antes de ser transformada en harina - Granel

Láminas voluminosas de madera - Estanterías

Bidones de producto líquido paletizados muy resistentes - En bloque

4.2. Tarima (palé o paleta)

Se trata de una base rígida donde se coloca la mercancía con el fin de facilitar su manipulación, almacenamiento y transporte. Para su desplazamiento, es preciso el uso de carretillas elevadoras o transpaletas. Es uno de los elementos básicos dentro del proceso que se conoce como paletizado.

 **DEFINICIÓN**

Paletizado
Procedimiento que consiste en colocar de forma ordenada la mercancía sobre el palé, formando una única unidad, de modo que su manipulación sea más fácil y rápida.

En cuanto a las características generales de este tipo de soportes se pueden destacar:

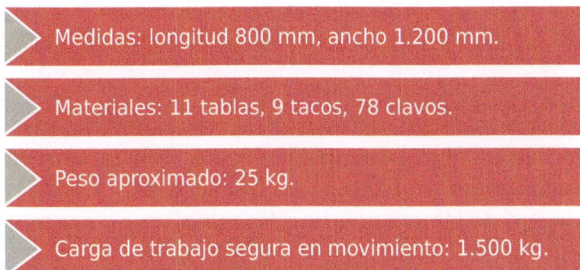

> Medidas: longitud 800 mm, ancho 1.200 mm.

> Materiales: 11 tablas, 9 tacos, 78 clavos.

> Peso aproximado: 25 kg.

> Carga de trabajo segura en movimiento: 1.500 kg.

No obstante, existen diferentes modelos de palés en función de su origen y del material del que estén hechos:

➲ **Según el número de entradas:**

◊ **De 4 entradas:** donde el acceso de la máquina se puede efectuar por cualquier lado tanto del ancho como del largo.
◊ **De 2 entradas:** donde únicamente se puede acceder por dos lados enfrentados entre sí.

⊃ **Según el material de fabricación:**

◔ **Madera:** son los más demandados por su precio, resistencia, fiabilidad y posibilidad de reparación y reciclaje.

◔ **Plástico:** son más fáciles de limpiar, más ligeros y también presentan la posibilidad de reciclaje. El principal inconveniente es la falta de resistencia ante mercancías pesadas.

◔ **Metal:** destacan por su larga vida útil y la resistencia ante impactos y mercancías pesadas.

◔ **Cartón:** su mayor característica es el precio y la posibilidad de ser desechados o reciclados, pero presentan un ciclo de vida excesivamente corto.

La utilidad del palé radica en su versatilidad de almacenaje, ya que permite apilar tanto productos pesados como ligeros. Por otro lado, facilita la agrupación de mercancía en cajas, en las se pueden almacenar la misma tipología de productos o variedades. Por último, cabe destacar que, debido a la existencia de palés de diferentes materiales, pueden ser empleados en el almacenamiento de productos que necesiten diferentes condiciones de conservación, como puede ser el almacenaje en espacios congelados o refrigerados, en caso de productos que precisen esas temperaturas.

4.3. *Rolls*

Los *roll containers* son unidades de almacenamiento y transporte utilizadas comúnmente en entornos logísticos y de almacenamiento. Estos contenedores suelen tener una estructura metálica con ruedas que facilita su movilidad dentro de almacenes, tiendas minoristas o centros de distribución.

Estos dispositivos son versátiles y se utilizan para transportar y almacenar una gran variedad de productos, desde artículos pequeños hasta mercancías más grandes y voluminosas. Su diseño permite apilarlos y organizarlos de manera eficiente, maximizando el espacio disponible en los almacenes. Además, su movilidad facilita su manipulación y transporte, ya sea mediante el uso de equipos de manejo manual o incluso sistemas automatizados.

Los rolls son una herramienta muy útil para los movimientos de mercancías en el interior de los almacenes.

Los *roll containers* suelen ser utilizados en procesos de logística de *picking* y *packing,* ya que pueden contener lotes de productos que se mueven a lo largo de la cadena de suministro. Estos contenedores ofrecen una solución eficiente para el almacenamiento temporal, el transporte de productos dentro de un almacén o en la entrega a los clientes.

4.4. Concepto de unidad de manipulación

El término unidades de manipulación hace referencia al **formato o soporte** que presentan las mercancías durante las distintas fases de la cadena de suministro. A la hora de elegir un formato u otro dependerá de las **características de los productos** y especialmente de **sus dimensiones.**

Desde un punto de vista logístico, es muy importante conocer todas las posibilidades existentes en materia de soportes de los productos que puedan ser manipuladas en el almacén, ya que influirá enormemente en el diseño de los espacios y en los sistemas de almacenamiento y equipos de manutención.

Por estos motivos, la elección de las unidades de manipulación adecuadas favorecerá:

● **Reducción de costes.** Las unidades de carga pueden facilitar la agrupación de grandes cantidades de productos, lo que supondrá una minimización de los traslados y, en consecuencia, un ahorro de los costes logísticos.

- **Reducción de riesgos.** Una eficiente elección de las unidades de manipulación puede reducir el número de interacciones con los productos y, por lo tanto, los riesgos derivados de las actividades de manipulación.
- **Optimización de los sistemas de almacenamiento.** Conocer el formato y los soportes de los productos facilitará la selección de los sistemas de almacenamiento y aumentará la eficiencia del área de almacenaje.
- **Aprovechamiento del espacio.** La agrupación de productos y la optimización del espacio de almacenamiento favorecerá el aprovechamiento del espacio destinado a otras actividades y procesos.

Con todo esto, es necesario decir que la correcta elección de las unidades de manipulación o soportes de carga también va a influir en la consecución de un alto grado de satisfacción del cliente final, objetivo principal de toda empresa logística.

De entre todos los soportes de carga existentes, los más empleados en las actividades del almacén son:

- **Palé.** Se trata de una base rígida de diversos materiales para adaptarse a los diferentes espacios de conservación que facilita la manipulación, almacenamiento y transporte de la mercancía.
- **Cajas.** Son el formato más empleado en los almacenes debido a la facilidad que ofrecen para formar unidades de pedido que suelen ir paletizadas.
- **Contenedores.** Suelen emplearse en el transporte multimodal, en el que intervienen más de dos medios de transporte, especialmente si es aéreo o marítimo. Presentan la ventaja de poder agrupar diferentes pedidos, un número elevado de ellos en condiciones seguras.
- **Bandejas.** Este soporte es empleado para la manipulación y traslado de pequeñas unidades y en cantidades determinadas debido a sus dimensiones.

El palé hecho de madera es el soporte de carga más empleado en el interior de los almacenes debido su bajo nivel de deterioro.

Las cajas de cartón son las más empleadas en el envío de productos y las más útiles a la hora de conformar mercancía paletizada.

Los contenedores son un soporte de carga muy empleado en los puertos debido a su capacidad y facilidad de apilamiento.

Las bandejas son un soporte que facilita la clasificación y almacenamiento de productos con dimensiones reducidas.

5. Protección física y movimiento de cargas

☞ HILO CONDUCTOR

El proceso de expedición es la última de las tareas que se ejecutan en el almacén antes de que los productos y pedidos sean distribuidos a los clientes finales. En este punto, la labor de Alejandro consiste en planificar dicho proceso y, por lo tanto, seleccionar los métodos y materiales que deben proteger la mercancía solicitada por los clientes con el fin de asegurarse de que son enviados en condiciones que garanticen su seguridad, aspecto fundamental a la hora de conseguir un alto grado de satisfacción de estos respecto a los productos recibidos.

Todos los soportes de carga o unidades de manipulación expuestos en los epígrafes anteriores cumplen la función de agrupar productos en base a un criterio determinado por el almacén con el objetivo de ser almacenados o distribuidos.

En este sentido, las funciones de los embalajes presentes a la hora de manipular o trasladar productos o pedidos son:

Proteger	- De todos los factores que puedan dañar a la mercancía, como factores climatológicos o posibles riesgos presentes en el transporte.
Simplificar	- Todas las labores logísticas, como la manipulación, y, en consecuencia, agilizar la cadena de suministro, además de favorecer la ergonomía de los trabajadores.
Optimizar	- Mejorar el proceso de expedición y reducir costes al posibilitar un mayor movimiento de la mercancía.

 SABÍAS QUE...

El *packaging* es el proceso llevado a cabo en los almacenes en el que se lleva a cabo la selección y uso de los embalajes destinados a la protección física de los productos.

En cuanto a los movimientos de mercancías, es muy importante ejecutarlos mediante el uso de los medios técnicos adecuados en función del proceso, del tipo de mercancía y del grado de automatización. Es preciso tener en cuenta que no podemos emplear el mismo equipo de manutención para el traslado de una caja que en el caso de mercancía paletizada o en el caso de que el proceso se encuentre completamente automatizado.

Este aspecto resulta fundamental a la hora de lograr una mayor operatividad en los procesos y una mayor productividad del almacén, además de favorecer las tareas de prevención de riesgos derivada de la manipulación de cargas.

5.1. Envases y embalajes

Una unidad de embalaje es el recipiente o envoltura que contiene productos de manera temporal, principalmente para agrupar unidades de un producto pensando en su manipulación, transporte y almacenaje. Las funciones del embalaje son proteger el contenido, facilitar la manipulación, informar sobre sus condiciones de manejo, requisitos legales, composición, ingredientes, etc.

Así, es preciso conocer e identificar los tres tipos de envases o embalajes que pueden encontrarse en la actividad diaria de un almacén:

- **Primario.** Se trata del envase que está en contacto directo con el contenido del producto.
- **Secundario.** El embalaje secundario más conocido son las cajas, cuya función es agrupar una cantidad pequeña o grande de embalajes primarios.
- **Terciario.** Este tipo de embalaje se emplea como soporte para el traslado de embalajes secundarios en los procesos del almacén y en la distribución.

El envase primario se encuentra en contacto con el producto y sirve de protección de su contenido, como es el caso de un frasco de colonia.

Las cajas como embalaje secundario cumplen la función de agrupar un número más o menos grande de envases primarios.

Los palés son un embalaje terciario cuya función es servir de soporte a envases secundarios como son las cajas.

 **TAREA 2**

Una empresa dedicada a la distribución de productos a diferentes minoristas de la zona, elabora los pedidos en diferentes formatos dependiendo de la cantidad solicitada.

¿Qué tipo de embalaje emplea en el caso de distribuir pequeños envases de doce productos, paquetes de diez envases y lotes de cien envases?

5.2. Etiquetado

El etiquetado de cargas es un proceso esencial en la gestión de almacenes y el transporte de mercancías. El etiquetado consiste en la colocación de etiquetas o rótulos en la carga que contienen información sobre la naturaleza, el peso, la cantidad y el destino de la carga.

Por todo esto, el etiquetado de cargas y productos es esencial para garantizar una identificación precisa, aumentar la eficiencia, mejorar la seguridad en el transporte y almacenaje y reducir errores en el manejo de las cargas. Por lo tanto, es importante etiquetar todas las cargas antes de su colocación en el almacén o su transporte por carretera.

Así pues, en el momento de la recepción y antes de proceder al almacenaje de los productos, hay que asignar a cada producto o unidad de carga una etiqueta con un código de identificación. Resulta imprescindible que los almacenes dispongan de sistemas de codificación con el objetivo de facilitar el control de sus inventarios.

En este código se registran datos sobre el tipo de artículo, las unidades que componen el lote o la ubicación, entre otros. De esta forma, será más fácil localizar y gestionar eficazmente las existencias. Las etiquetas se colocan en el lugar más visible del producto, de tal forma que permita su lectura óptica o automática por parte del personal.

DEFINICIÓN

Etiqueta

Adhesivo elaborado de diferentes materiales que contiene información sobre el producto al que identifica. La finalidad de las etiquetas es identificar el producto o artículo al que va adherida y proporcionar información sobre el lote y las características de fabricación para conocer su procedencia y fecha de producción.

Algunas razones que justifican el uso del etiquetado de cargas previo a su colocación son:

- **Identificación precisa de la carga.** El etiquetado de cargas permite la identificación precisa de la carga, lo que facilita su manejo y transporte. La información en la etiqueta puede incluir la descripción del producto, su número de lote, su fecha de caducidad, entre otros datos que son importantes para su correcta manipulación y almacenamiento.
- **Seguridad en el transporte.** El etiquetado de cargas es esencial para garantizar la seguridad en el transporte. La información en la etiqueta puede indicar si la carga es peligrosa o si requiere un manejo especial. Además, la etiqueta puede indicar el peso y las dimensiones de la carga, lo que ayuda a asegurarse de que se utilice el vehículo adecuado para su transporte.
- **Aumento de la eficacia.** El etiquetado de cargas puede aumentar la eficiencia en el proceso de almacenamiento y transporte. La información en la etiqueta puede ayudar a la planificación de la logística y a la correcta distribución de las cargas. Además, el etiquetado de cargas facilita la identificación de la carga en el almacén, lo que agiliza el proceso de carga y descarga.
- **Reducción de errores.** El etiquetado de cargas ayuda a reducir los errores en el manejo de la carga. La información en la etiqueta puede ayudar a evitar la confusión sobre la naturaleza y el destino de la carga. Además, el etiquetado de cargas reduce la posibilidad de errores en la manipulación de cargas similares o que tienen características similares.

5.3. Equipos y medios para movimiento de cargas y mercancías en el almacén

Las tareas de manutención del almacén son un conjunto de operaciones de almacenaje, manipulación, preparación y traslado de las mercancías. Los elementos y equipos de manutención utilizados en cada una de estas actividades van a depender del diseño y organización del almacén, del tipo de productos, de los movimientos dentro del almacén, del nivel de mecanización y automatización que se desee y del sistema de almacenamiento elegido.

De esta forma, los equipos de manutención se pueden clasificar entre vehículos de transporte y equipos con movimiento y sin traslado:

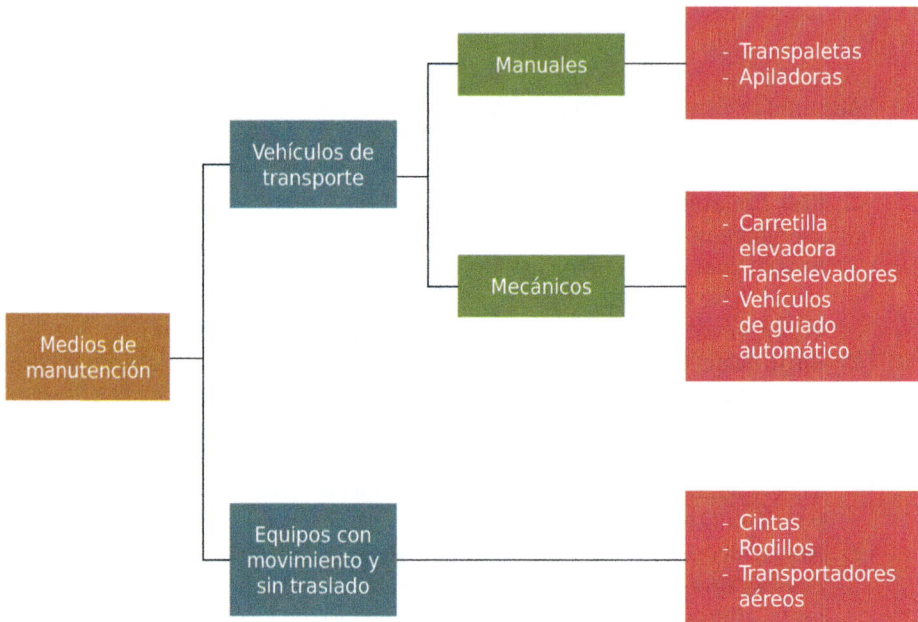

De todos los medios de manutención expuestos en el esquema, los más empleados para el movimiento y traslado de mercancías en los almacenes son:

⇨ **Traspaleta.** Son las máquinas por las que se transportan y se elevan los palés. Es un sistema muy utilizado y que puede emplearse en diferentes procesos como la carga, descarga, traslado o ayuda en el *picking*. Son equipos de manutención que no apilan mercancía. Por un lado, existe la transpaleta manual, que exige la fuerza de la persona operaria para mover y recoger la mercancía y, por otro, la transpaleta eléctrica, cuto funcionamiento no exige el esfuerzo físico de la persona trabajadora.
⇨ **Apiladoras.** Son equipos de manutención similares a la transpaleta, pero incorporan un mástil donde las horquillas sujetan la carga y la elevan. Permite elevar y aplicar cargas hasta una determinada altura.

- **Carreterilla de mano.** Se trata de un medio manual empleado en el almacén para el traslado de productos o bultos que no pueden manipularse con las manos, debido a sus dimensiones o peso.
- **Carretilla elevadora.** Son equipos utilizados para transportar la mercancía, elevarla, aplicarla y almacenar la carga. Por un lado, la carretilla contrapesada es medio mecánico autopropulsado que se emplea cuando lo pasillos son anchos y el almacenamiento es poca altura. Por otro, la carretilla rectráctil puede manipular gran capacidad de carga por pasillos estrechos donde el operario va sentado y puede divisar los dos sentidos de la marcha.

Las transpaletas son empleadas en el traslado de cajas o mercancía paletizada.

El apilador cumple la misma función que la transpaleta pudiendo elevar la mercancía a una determinada altura.

La carretilla de mano es empleada cuando es preciso el traslado de cajas que no presentan otro tipo de embalaje.

La carretilla elevadora es el medio más empleado, debido a que puede utilizarse en todas las actividades presentes en un almacén.

6. Resumen

El almacén supone la secuenciación de diferentes actividades dependientes entre sí que deben ejecutarse con el fin de cumplir el objetivo máximo de cualquier empresa logística que no es otro que lograr la satisfacción y la fidelización de clientes.

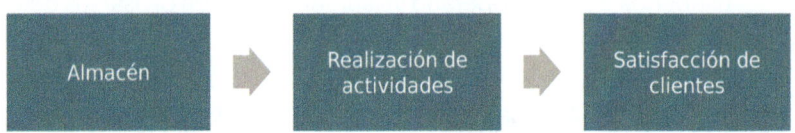

En este sentido, el elemento que mayor valor tiene es el producto y su tratamiento será un aspecto clave para que el cliente reciba la mercancía solicitada con el grado de calidad esperado.

Así, la labor del almacén se centra en el cuidado y conservación de los distintos productos con el fin de garantizar unas condiciones óptimas que no afecten al estado de estos. Por ello, deben centrar sus esfuerzos en cuatro aspectos diferenciados e interrelacionados entre sí.

En primer lugar, debe planificarse todos los movimientos de productos que van a realizarse en el almacén con el fin de planificarlos y seleccionar el medio de manipulación que más favorezca este flujo de mercancías. Posteriormente, es muy importante que el almacén disponga de los medios de almacenamiento más adecuados al tipo de producto y al soporte de carga en que deban ser manipulados, ya que es un método de garantizar una óptima conservación durante el tiempo que permanezcan en el almacén.

Por último, toda mercancía debe estar protegida de los diferentes riesgos que existen a lo largo de la cadena de suministro, especialmente en la distribución, puesto que es el paso previo a la entrega al cliente y una fase donde el almacén no puede tener un control exhaustivo, ya que se desarrolla fuera de las instalaciones.

En conclusión, si todas estas actividades son ejecutadas correctamente, existe un alto porcentaje de posibilidades de que los productos lleguen a los clientes en el estado esperado por ellos y, por consiguiente, el almacén cumpla con sus expectativas.

Planificar movimientos	Unidades de manipulación	Sistemas de almacenaje	Protección de mercancías

Ejercicios de autoevaluación
Unidad de Aprendizaje 2

1. Permite el acceso y extracción de palés por ambos lados empleando un sistema de rodillos que favorece el empleo del método FIFO:

    a. *Racks*
    b. *Cantilever*
    c. *Drive through*
    d. *Drive in*

2. Las estanterías *cantilever...*

    a. ... son empleadas para el almacenamiento de mercancías voluminosas mediante el uso de soportes metálicos que suelen estar anclados en las paredes del almacén.
    b. ... son una estructura metálica diseñada para el almacenamiento de palés con fácil acceso y especialmente útiles para el almacenaje de productos heterogéneos de muchas referencias y con rotación de nivel bajo.
    c. ... son empleadas cuando el almacenamiento de los productos se lleva a cabo en bloque y de manera homogénea optimizando la capacidad máxima de almacenamiento.

3. Método rotativo de productos basado en que la primera existencia en ser almacenada es la primera en ser extraída:

    a. LIFO
    b. FIFO
    c. HIFO
    d. NIFO

4. Suelen emplearse en el transporte multimodal donde intervienen más de dos medios de transporte, especialmente si es aéreo o marítimo:

    a. Palé
    b. Cajas
    c. Contenedores
    d. Bandejas

5. Determina si la siguiente oración es verdadera o falsa: "El envase secundario es el que se encuentra en contacto directo con el contenido del producto".

   ■ Verdadero
   ■ Falso

6. Determina si la siguiente oración es verdadera o falsa: "La creación de equipos de trabajo aumenta la responsabilidad de los integrantes del grupo":

   ■ Verdadero
   ■ Falso

7. Son unidades de almacenamiento que suelen tener una estructura metálica con ruedas que facilitan su movilidad dentro de almacenes, tiendas minoristas o centros de distribución:

   a. Tarima
   b. *Rolls*
   c. Cajas
   d. Envase

8. Se trata del envase que está en contacto directo con el contenido del producto:

   a. Primario
   b. Secundario
   c. Terciario
   d. Cajas

9. Son equipos utilizados para transportar la mercancía, elevarla, apilarla y almacenar la carga:

   a. Transpaleta
   b. Apilador
   c. Carretilla de mano
   d. Carretilla elevadora

10. **Se refieren a las posiciones que ocupamos en relación con otras personas en la sociedad:**

       a. Roles mentales
       b. Roles de acción
       c. Roles sociales
       d. Roles de género

Prevención de riesgos laborales

Contenido

Objetivos

El objetivo general de esta Unidad de Aprendizaje es:

→ Identificar los riesgos y accidentes más frecuentes de las operaciones de almacén, así como las medidas que deben tomarse en caso de incendio.

Los objetivos específicos de esta Unidad de Aprendizaje son:

→ Profundizar en las normas básicas de actuación.

→ El orden y la limpieza del almacén.

→ Identificar el tipo de señalización.

1. Introducción

La Ley 31/1995 de Prevención de Riesgos Laborales recoge todos los aspectos relacionados con esta materia en el contexto del almacén y define el término riesgo como "la posibilidad de que un trabajador sufra un determinado daño derivado de su trabajo".

Todas las actividades realizadas en el almacén, desde la entrada hasta la salida de productos, conlleva la aparición de posibles riesgos derivados de la manipulación de productos o del manejo de equipos de manutención, entre otros. Por este motivo, todos los trabajadores deben poseer la información y formación correspondiente acerca de los peligros existentes y las medidas que deben llevarse a cabo para reducirlos o evitar su aparición.

Esta es la razón por la que existe la prevención de riesgos laborales, que tiene como finalidad actuar sobre los riegos existentes en los distintos puestos de trabajo, intentando atenuar los daños que se puedan derivar.

En los almacenes, las principales tareas que se realizan son las de almacenar, manipular y transportar mercancía, por lo que los riesgos más habituales que suelen aparecer están estrechamente relacionados con las características de los productos almacenados, la forma en que son manipulados y las características generales de las instalaciones donde se lleva a cabo las actividades mencionadas.

Por todo esto, tanto el empresario como los trabajadores del almacén tienen una serie de derechos y obligaciones con el objetivo de ejecutar todas las medidas contempladas en el plan de prevención de riesgos de la empresa y poder desarrollar sus tareas en condiciones que garanticen la seguridad y salud de los trabajadores.

En relación con esto, Alejandro, al igual que debe conocer todos los procesos, flujos y todo lo relativo a la manipulación de los productos, también debe planificar y realizar un seguimiento de la prevención de riesgos que debe llevarse a cabo, es decir, debe identificar todos los factores de riesgo existentes y controlar que los trabajadores cumplan con las medidas preventivas destinadas a garantizar la seguridad de todos.

2. Riesgos, accidentes y medidas preventivas

 **HILO CONDUCTOR**

Conociendo todas la actividades y procesos que van a ejecutarse, Alejandro, como jefe del almacén, es el responsable de controlar que se cumplen todas las medidas de seguridad estipuladas y que los trabajadores siguen las normas sobre el uso de equipos de protección y el empleo de equipos de manutención e instalaciones del almacén. Además, debe asegurarse de que todos sus trabajadores disponen de la formación e información necesaria para el correcto desempeño de sus tareas.

Debido a que el almacén es un lugar donde existen una gran variedad de riesgos, son muchas las medidas preventivas que deben implementarse para disponer de un entorno de trabajo seguro. El objetivo a la hora de poner en marcha un plan de prevención de riesgos laborales es detectar los factores de riesgo que puedan derivarse del trabajo diario para eliminarlos o reducirlos en la medida de lo posible.

DEFINICIÓN

Factor de riesgo
Se trata de cualquier aspecto, situación o producto que pueda originar un daño a la salud de los trabajadores.

Por ello, ante la gran variedad de peligros existentes en el almacén, la prevención de riesgos laborales está compuesta por diversas áreas de estudio encargadas del tratamiento de los riesgos y las correspondientes medidas preventivas. Dichas áreas son las siguientes:

- **Medicina del trabajo.** Estudia las enfermedades que pueden originarse a raíz de la actividad laboral.
- **Psicosociología aplicada.** Esta área realiza el análisis de aquellos aspectos laborales que pueden causar daños mentales a los trabajadores.

- **Ergonomía.** Esta disciplina se encarga de estudiar la adecuación del puesto de trabajo para evitar la aparición de fatiga u otras lesiones en el trabajador.
- **Higiene industrial.** Se centra en los diferentes contaminantes existentes en el entorno laboral que pueden afectar a la salud de los trabajadores.
- **Seguridad en el trabajo.** Realiza el análisis de los aspectos físicos que pueden ocasionar accidentes en el puesto de trabajo.

Departamentos como administración o compras, existentes en el almacén, requieren un trabajo con ordenador, por lo que en estos casos la ergonomía es un área clave a la hora de prevenir posibles lesiones derivadas de malas posturas en el puesto de trabajo.

 ACTIVIDAD COMPLEMENTARIA

3. Pon en valor la importancia de la prevención de riesgos laborales. Piensa en tres situaciones del almacén que puedan dar lugar a caídas en el mismo nivel y recuerda una medida preventiva para cada situación con el fin de que no se repita.

¿Cuántos riesgos y medidas preventivas pueden derivarse de caídas en el mismo nivel?

2.1. Riesgos y accidentes habituales

Después de haber analizado las principales actividades llevadas a cabo en el almacén en unidades anteriores, los riesgos más comunes que pueden aparecer en el desempeño de las distintas tareas son:

- **Caídas a distinto nivel.** Se producen en situaciones de pérdida de equilibrio cuando el trabajador se encuentra en altura y el daño es derivado del golpe tras la caída.
- **Caídas al mismo nivel.** Se trata del mismo riesgo anterior, pero no existe una diferencia de altura respecto a la superficie donde se produce la caída.
- **Caídas de objetos.** Son accidentes ocasionados por el desplome de productos u objetos derivados de una mala praxis.
- **Cortes y pinchazos.** Suelen producirse cuando se emplean herramientas o utensilios que tienen alguna parte punzante o cortante.
- **Atropellos.** Son los producidos por vehículos en movimiento empleados en las distintas fases de los procesos realizados en el almacén.
- **Contactos eléctricos.** Son producidos cuando una corriente eléctrica pasa por el cuerpo humano y produce daños para la salud.
- **Golpes o choques.** Se generan como consecuencia de un contacto accidental entre un objeto inmóvil y una o varias partes del cuerpo del trabajador.
- **Contactos térmicos.** Accidentes provocados por la manipulación de productos muy fríos o calientes que implican la aparición de quemaduras.
- **Explosiones e incendios.** Ocasionados debido a pequeños accidentes o al estado de las instalaciones eléctricas.
- **Atrapamientos.** Es la situación que se produce cuando un operario o parte de su cuerpo es aprisionado por maquinaria que ha perdido su estabilidad.

 **APLICACIÓN PRÁCTICA**

Roberto es un trabajador que ha sido contratado por una empresa logística para el desarrollo de distintas actividades. En su primer día, debe realizar la formación correspondiente en materia de prevención de riesgos laborales para posteriormente realizar la prueba de evaluación de dicha formación. Uno de los ejercicios le pide que señale los principales daños derivados de los siguientes riesgos:

Continúa en página siguiente >>

<< Viene de página anterior

- **Caídas a distinto nivel**
- **Contactos eléctricos**
- **Cortes o pinchazos**

A continuación, reflexiona e indica cuáles son los daños de los riesgos expuestos.

Solución

Una caída que se produzca desde una altura importante puede ocasionar la fractura de algún hueso o contusiones en el físico del trabajador.

Dependiendo de la intensidad del contacto, una de las lesiones puede ser la aparición de problemas respiratorios.

El daño más grave que puede ocasionar el corte derivado del empleo de los equipos de trabajo es la pérdida de la parte empleada en el desempeño de la tarea.

2.2. Adopción de medidas preventivas

La adopción de medidas preventivas en un almacén es crucial para salvaguardar la seguridad de los trabajadores y preservar la integridad de los productos almacenados.

La aplicación efectiva de estas medidas no solo reduce la posibilidad de accidentes y lesiones, sino que también optimiza la eficiencia operativa del almacén. Al fomentar una cultura de seguridad, se promueve la confianza entre los empleados, se disminuyen los tiempos de inactividad debido a accidentes laborales y se protege la calidad de los productos almacenados, asegurando así la continuidad de las operaciones y el bienestar general en el lugar de trabajo.

De esta manera, podemos destacar las siguientes medidas preventivas como las más importantes dentro de la actividad de cualquier almacén:

- **Equipo de protección personal.** Garantizar que todos los empleados tengan acceso y usen el equipo necesario, como cascos, guantes, gafas de seguridad, chalecos reflectantes, etc.

- **Señalización.** Colocar carteles y señales visibles que indiquen zonas de riesgo, rutas de escape, ubicación de equipos de emergencia y advertencias sobre peligros específicos.
- **Mantenimiento regular.** Realizar inspecciones periódicas para asegurarse de que las instalaciones, maquinarias y equipos estén en condiciones óptimas y seguras.
- **Capacitación.** Proporcionar a los empleados capacitación en seguridad laboral, incluyendo procedimientos de emergencia, manejo adecuado de equipos y productos, y cómo prevenir accidentes.
- **Almacenamiento seguro.** Organizar el almacén de manera que los productos estén almacenados de forma segura y ordenada, evitando obstrucciones en pasillos y salidas de emergencia.
- **Control de riesgos.** Identificar y mitigar riesgos potenciales, como el manejo de productos químicos, el uso de maquinaria pesada o la manipulación de cargas pesadas.
- **Medidas de higiene.** Mantener estándares de limpieza y desinfección para prevenir la propagación de enfermedades y garantizar un ambiente de trabajo saludable.
- **Protocolos de emergencia.** Establecer procedimientos claros y prácticos para actuar en casos de emergencia, como incendios, derrames químicos, accidentes, etc.

Las distintas señales presentes en un almacén son consideradas medidas de protección colectivas empleadas para aumentar la seguridad de los trabajadores.

3. Limpieza y hábitos de trabajo

☞ HILO CONDUCTOR

Una de las tareas que deba llevar a cabo Alejandro es asegurarse de que las instalaciones y actividades que se desarrollan en el interior de su almacén cumplan con unos niveles de orden y limpieza para que, de esta manera, el trabajo se lleve en máximas condiciones de seguridad.

Además, resulta de vital importancia el cumplimiento de dichos niveles, puesto que así viene determinado por la normativa vigente en materia de prevención de riesgos laborales.

La limpieza y los hábitos de trabajo son pilares fundamentales en cualquier entorno laboral. Mantener un espacio de trabajo limpio y ordenado no solo contribuye a una apariencia más agradable, sino que también tiene un impacto significativo en la productividad y la seguridad. Establecer hábitos que fomenten la limpieza, como la organización regular de áreas comunes y herramientas de trabajo, no solo mejora la eficiencia, sino que también minimiza los riesgos de accidentes y lesiones.

La limpieza no se limita solo al espacio físico, sino que también se extiende a los hábitos personales. Fomentar la higiene personal en el lugar de trabajo contribuye a la prevención de enfermedades y al bienestar general de los empleados. Además, la implementación de programas de limpieza regular, la disposición adecuada de desechos y la eliminación de posibles fuentes de contaminación, como derrames de líquidos o acumulación de polvo, son prácticas esenciales para mantener un entorno laboral saludable.

Así pues, la adopción de hábitos de limpieza y trabajo no solo promueve un ambiente laboral más seguro y saludable, sino que también refleja un compromiso con la excelencia y el profesionalismo. Estos hábitos no solo impactan la imagen de la empresa ante clientes y visitantes, sino que también contribuyen a una cultura organizacional positiva, donde la responsabilidad y el cuidado por el entorno de trabajo son valores fundamentales.

3.1. Orden y limpieza en el almacén

En un almacén, existen varios riesgos asociados al entorno de trabajo que pueden poner en peligro la seguridad y la salud de los trabajadores. Algunos de los riesgos más comunes son los ergonómicos, de seguridad, de incendio, de caídas o de exposición. Es importante que los empleadores implementen medidas de prevención adecuadas para garantizar la seguridad y la salud de los trabajadores en el almacén, así como su orden y limpieza.

El orden en el almacén es esencial para garantizar una operación eficiente, segura y organizada. Este hecho, reportará una serie de beneficios como son:

- **Mejora la eficiencia.** Un almacén organizado permite a los trabajadores encontrar y acceder rápidamente a los productos y materiales necesarios. Esto reduce el tiempo de búsqueda y aumenta la productividad del personal.
- **Aumenta la seguridad.** Un almacén desordenado puede aumentar el riesgo de accidentes. Los objetos que están tirados en el suelo o mal colocados pueden causar tropezones o caídas, mientras que los materiales apilados de manera inadecuada pueden caer y causar lesiones.
- **Facilita el control de inventario.** El control de inventario es más fácil en un almacén ordenado. Los trabajadores pueden realizar un seguimiento de los productos y materiales que se mueven dentro y fuera del almacén con mayor precisión y rapidez.
- **Ahorra espacio.** Un almacén ordenado permite utilizar el espacio disponible de manera más efectiva. Los productos y materiales pueden almacenarse de manera más compacta y eficiente, lo que permite utilizar el espacio de forma más efectiva y reducir los costos de almacenamiento.

El orden y la limpieza son dos aspectos esenciales en el plan de preventivo de cualquier empresa. Estos se encuentran dirigidos a cumplir las siguientes indicaciones concretas, según el Real Decreto 486/1997, de 14 de abril:

> Todas las zonas y espacios consideradas de paso para las personas trabajadoras, y especialmente aquellas incluidas en los planes de emergencia y evacuación, deberán encontrarse libre de obstáculos en todo momento.

Continúa en página siguiente >>

<< Viene de página anterior

Tanto los lugares de trabajo como los distintos equipos y máquinas necesarias para la realización de las tareas deberán recibir el correspondiente mantenimiento, entre el que se encuentra la limpieza. Esto es con el fin de preservar unas condiciones del puesto de trabajo que garanticen la seguridad de los trabajadores.

La limpieza de equipos y espacios debe realizarse de forma segura y bajo las oportunas instrucciones, de manera que esta actividad no suponga la aparición de posibles riesgos.

Tanto las instalaciones, como los equipos de trabajo y los medios de control serán objeto de un mantenimiento correctivo y preventivo con el fin de garantizar unas condiciones óptimas e higiénicas de funcionamiento que garanticen la salud de las personas trabajadoras.

 PARA SABER MÁS

Todos los aspectos relacionados con el orden y la limpieza de los lugares de trabajo, aparece recogido en el Real Decreto 486/1997, del 14 de abril.

Puedes consultar dicho decreto para recibir más información sobre este factor de riesgo y sus medidas preventivas accediendo desde aquí:

https://redirectoronline.com/comt070202

Por otro lado, hay una serie de directrices que deben estar presentes a la hora de mantener el orden y la limpieza en todas las estancias del almacén:

- **Cableado.** Los cables nunca deben encontrarse a nivel del pavimento. Estos deben estar por las paredes o por debajo del pavimento.
- **Señalización.** La maquinaria móvil debe encontrarse señalizada y, cuando deje de utilizarse, estacionada en el lugar destinado para ello.
- **Limpieza y orden.** La limpieza y el orden se deben considerar tareas propias del trabajo e integrarlas en aquellas que son regulares de la empresa.
- **Apoyo.** El apoyo firme de la dirección de la empresa es un elemento muy importante.
- **Responsabilidades.** Las responsabilidades que se asignen a las personas son muy importantes, ya que ayudan al mantenimiento del almacén.

 TAREA 3

Roberto se encuentra a punto de utilizar la carretilla elevadora para comenzar el traslado de mercancía en el interior del almacén. No obstante, al lado de donde se encuentra la máquina, hay una serie de señales de obligación que Roberto debe cumplir antes del encendido de la carretilla.

¿A qué obligaciones pueden hacer referencia las señales que se ha encontrado Roberto?

3.2. Hábitos de trabajo

En un entorno de almacenamiento, los hábitos de trabajo son la clave para garantizar la eficiencia y la seguridad. La puntualidad y la organización son pilares esenciales: llegar a tiempo al trabajo permite iniciar las operaciones sin retrasos, mientras que mantener un espacio de trabajo ordenado y limpio facilita la identificación rápida de productos, reduce el riesgo de accidentes y agiliza las tareas diarias. Además, la planificación cuidadosa de las actividades y la distribución de tareas entre los empleados optimiza los recursos y el tiempo, promoviendo así un flujo de trabajo eficiente.

La **comunicación efectiva y la colaboración entre los miembros del equipo** son hábitos vitales en un almacén. Establecer canales claros de comunicación, tanto verbal como escrita, asegura que las instrucciones se transmitan de manera precisa, reduciendo malentendidos y errores. Fomentar un ambiente de trabajo colaborativo, donde los empleados se apoyen mutuamente y compartan información relevante, contribuye significativamente a la productividad y al logro de objetivos comunes en el almacén.

Por lo tanto, podemos señalar los siguientes aspectos como hábitos fundamentales en el almacén:

- **Mantener el orden y la limpieza.** El almacén debe permanecer ordenado y limpio para reducir el riesgo de accidentes, mejorar la eficiencia y prolongar la vida útil de los equipos y materiales. Las personas que trabajan en el almacén deben asegurarse de que las áreas de trabajo estén organizadas y limpias en todo momento.
- **Realizar inspecciones regulares.** Las inspecciones regulares del almacén ayudan a identificar cualquier problema de seguridad o problemas en el equipo antes de que causen daños o interrupciones en la operación. Las personas que trabajan en el almacén deben llevar a cabo inspecciones regulares y reportar cualquier problema encontrado.
- **Almacenamiento adecuado de los productos.** Los productos deben almacenarse de acuerdo con sus características específicas, como peso, tamaño, fragilidad, etc. Las personas que trabajan en el almacén deben asegurarse de que los productos estén almacenados en el lugar correcto y en la posición adecuada.
- **Utilización adecuada de los equipos.** Las personas que trabajan en el almacén deben utilizar adecuadamente el equipo de manejo de materiales, como carretillas elevadoras, apiladores, etc. Es importante que estas personas estén capacitadas en el manejo de estos equipos para evitar accidentes.
- **Control de inventario.** El control de inventario es muy importante para saber cuánto *stock* hay en el almacén en todo momento y evitar la falta de este o la acumulación excesiva. Las personas que trabajan en él deben realizar inventarios regulares y actualizar los registros de inventario.
- **Seguridad en el trabajo.** Es fundamental en cualquier almacén. Las personas que trabajan en el almacén deben seguir las normas y procedimientos de seguridad establecidos, usar el equipo de protección personal adecuado y reportar cualquier riesgo de seguridad.

Por todo ello, las actividades fundamentales hacen referencia a todas las tareas que deben llevarse a cabo en el almacén con el fin de garantizar la seguridad en el puesto de trabajo. Estas actividades son responsabilidad de todo el personal del almacén y se centran en mantener una disciplina en diferentes aspectos del trabajo:

- **Puntualidad.** Llegar puntual al trabajo y cumplir con la jornada laboral estipulada.

- **Equipos de protección individual.** Disponer de los equipos de protección individual necesarios antes de iniciar cualquier tarea. Además, se debe realizar el adecuado mantenimiento de los EPI empleados.
- **Jornada de trabajo.** Planificar la jornada de trabajo teniendo en cuenta las tareas que deben realizarse a lo largo de esta.
- **Medidas preventivas.** Tener siempre presente los posibles riesgos y las medidas preventivas que deben ponerse en marcha.
- **Orden y limpieza.** Limpiar en el momento que algo se ensucie y mantener siempre el orden y la limpieza. También es importante colocar las herramientas en su sitio una vez han sido utilizadas y dejar el puesto de trabajo limpio y ordenado.
- **Tareas.** No realizar más tareas de las encomendadas una vez realizada la distribución de estas, ya que podría ocasionar conflictos y dar lugar a errores y riegos.

3.3. Limpieza

En un almacén es muy importante que las zonas de tránsito estén despejadas y, de esta forma, evitar accidentes. En ocasiones, en los pasillos y zonas de paso nos podemos encontrar con diversos elementos, objetos o residuos que pueden provocar accidentes y, por ello, deben ser susceptibles de ser retirados de las zonas de tránsito en un almacén o cualquier otro espacio de trabajo.

Por todo esto, es preciso mantener una limpieza regular y constante en estas zonas del almacén para minimizar la aparición de posibles accidentes. Así, los casos que más control precisan desde el punto de vista de la limpieza son:

- **Objetos o materiales sueltos.** Cualquier objeto o material suelto, como cajas, herramientas, basura, escombros, etc., que estén obstruyendo el paso en las zonas de tránsito deben ser retirados. Estos objetos pueden causar tropezones o caídas que pueden provocar lesiones graves.
- **Líquidos o sustancias derramadas.** Cualquier líquido o sustancia derramada en las zonas de tránsito, como aceite, agua, productos químicos, entre otros, deben ser retirados y limpiados inmediatamente. Estas sustancias pueden causar resbalones o caídas que pueden resultar en lesiones graves.
- **Elementos sobresalientes o filosos.** Cualquier elemento sobresaliente o filoso, como clavos, puntas, tornillos, etc., que estén en las zonas de tránsito, debe ser retirado o señalizado adecuadamente. Estos elementos pueden causar lesiones al personal que transita por esas áreas. Tam-

bién pueden provocar daños cuando se encuentran mal puestos en las cargas.

⊃ **Vehículos o maquinaria.** Cualquier vehículo o maquinaria que obstruya el paso en las zonas de tránsito debe ser retirado y estacionado en un lugar seguro. Los vehículos o maquinarias en movimiento también deben ser señalizados adecuadamente para alertar a los peatones. Por ejemplo, en una zona de salida de camiones se debe situar una señal que avise a las personas que transitan por estos lugares del tránsito de vehículos.

⊃ **Materiales en procesos de producción.** Los materiales en proceso de producción, como cajas, paletas, barriles, entre otros, que estén obstruyendo el paso en las zonas de tránsito, deben ser retirados o movidos a una zona segura.

 **EJEMPLO**

Laura está trasladando unas cajas con una carretilla por el almacén. Sonia, al mismo tiempo, está colocando mercancía nueva en la estantería, deja una caja en el pasillo y, justo en ese momento, Laura pasa por ese sitio, tropieza y se hace daño contra la carretilla.

En este caso, Sonia debería haber dejado la caja en otro lugar que no interrumpiese el tránsito y, de esta forma, se evitaría este accidente.

Este mismo día, había llegado al almacén una mercancía de aceite de oliva. Una de las cargas estaba defectuosa y se produjo un vertido de aceite en el suelo. Ramón, un operario del almacén, se da cuenta y va a coger material para limpiar el vertido. Sin embargo, se olvida de señalizar la zona con un cartel que indique que se puede resbalar.

Esa semana, en otro almacén de la misma empresa, María estaba trasladando unos palés y se cortó con un clavo que sobresalía. Para evitar estos accidentes es importante revisar la mercancía y retirar todos los materiales punzantes.

En resumen, cualquier elemento, objeto o residuo que obstruya el paso en las zonas de tránsito en un almacén o espacio de trabajo debe ser retirado o señalizado adecuadamente para evitar accidentes y lesiones al personal que transita por esas áreas. Es importante realizar inspecciones.

4. Emergencias e incendios

☞ HILO CONDUCTOR

Uno de los aspectos clave dentro de la organización de la empresa en materia de prevención es la existencia y cumplimiento de planes de actuación, en casos de emergencia o incendio. A pesar de que el responsable de su existencia es el empresario, Alejandro será el encargado de conocer su funcionamiento y asegurarse de que sus trabajadores van a saber actuar en el caso de que se produzca alguna emergencia o aparezca algún incendio en las instalaciones del almacén.

Los almacenes están expuestos a varios riesgos de emergencia, y los incendios son uno de los más críticos. Por esta razón, es esencial contar con planes de contingencia específicos para enfrentar estas situaciones. Implementar sistemas de detección de incendios, como detectores de humo y alarmas, y mantenerlos en buen estado de funcionamiento es crucial. Además, la capacitación regular del personal en el uso de extintores y en la ejecución de procedimientos de evacuación es fundamental para actuar rápidamente y minimizar el impacto de un incendio en el almacén y en la seguridad de los empleados.

La planificación anticipada es clave en la gestión de emergencias en almacenes. Establecer rutas de evacuación claras y accesibles, así como puntos de encuentro designados fuera del almacén, permite una evacuación ordenada y segura en caso de emergencia. Además, realizar simulacros periódicos de evacuación y brindar capacitación sobre cómo actuar en situaciones de incendio u otras emergencias son medidas preventivas que pueden marcar la diferencia entre la seguridad y el caos durante una crisis.

La prevención juega un papel crucial en la gestión de emergencias. Realizar inspecciones regulares de las instalaciones para identificar y corregir posibles riesgos de incendio, como sistemas eléctricos defectuosos, almacenamiento inadecuado de materiales inflamables o falta de mantenimiento en equipos, es una práctica proactiva para reducir la probabilidad de que se desencadene un incendio, en primer lugar. Además, educar a los empleados sobre cómo prevenir incendios mediante el cumplimiento de normas de seguridad, la correcta manipulación de materiales y la notificación de posibles riesgos, contribuye significativamente a mantener un entorno de trabajo seguro en el almacén.

La existencia de extintores es obligatoria en cualquier instalación logística, mientras que el uso de bocas de incendio dependerá del tamaño y superficie del almacén.

4.1. Normas básicas de actuación

Cuando hablamos de la prevención de incendios es el conocimiento que las personas que trabajan en un almacén deben tener sobre todas las posibles causas que puedan facilitar su aparición y las correspondientes medidas y normas de actuación que se deben llevar a cabo para evitar su aparición o, en el caso de que se produzca, proceder a su extinción.

En este sentido, para evitar posibles incendios, los almacenes tendrán que cumplir con lo establecido en el **Código Técnico de Edificación (CTE),** en el que se destacan las siguientes medidas preventivas:

- ⮞ **El tipo de sustancias.** Emplear sustancias que no sean altamente inflamables, recubrir los combustibles con materiales ignífugos y limitar la cantidad de almacenamiento de este tipo de productos.
- ⮞ **Zonas de almacenamiento.** Realizar un control exhaustivo de las zonas donde se almacenan productos que puedan suponer un mayor riesgo de incendio.
- ⮞ **Instalaciones eléctricas.** Mantenimiento periódico de las instalaciones eléctricas con el fin de prevenir la aparición de incendios derivados del mal estado de los equipos.

De esta manera, todas las personas que trabajan en el almacén deben conocer el plan y las medidas establecidas para llevar a cabo la extinción de un posible incendio. Por ello, es importante que conozcan e identifiquen los medios y equipos contra incendios que van a estar presentes en el almacén, como pueden ser los siguientes:

Extintores portátiles o sobre ruedas	Bocas de incendios equipadas con mangueras	Rociadores automáticos de agua

Por otro lado, ante una situación de emergencia, como puede ser un accidente u otros peligros, los trabajadores deben tener conocimiento sobre los protocolos y normas de actuación que deben seguir en este tipo de situaciones.

Por esto, existen una serie de normas a seguir en cualquier tipo de emergencia, como son:

- 1. Mantener la calma en todo momento, especialmente si existen víctimas.

- 2. Evitar aglomeraciones en caso de evacuación o ante la existencia de personas heridas.

- 3. No realizar actos más allá de lo estipulado en los protocolos.

- 4. Alertar a los servicios necesarios para reconducir la emergencia.

No obstante, existe un protocolo de emergencias que debe ser conocido por los trabajadores y que se encuentra presente en cualquier tipo de empresa. Se trata del protocolo de activación del sistema de emergencia (PAS), donde se establecen los siguientes pasos que hay que seguir en caso de peligro o emergencia:

Proteger - Es preciso asegurarse de que todas las personas se encuentran en lugares fuera de peligro y, si es así, poder socorrer a personas que lo necesiten.

Continúa en página siguiente >>

<< Viene de página anterior

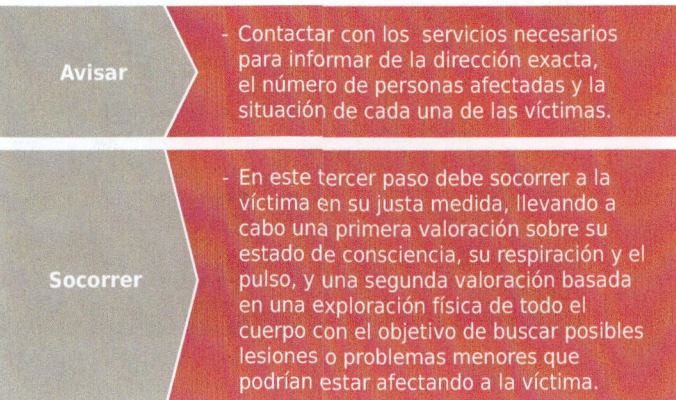

4.2. Equipos de primera intervención

Los equipos de primera intervención ante incendios y emergencias en almacenes juegan un papel vital en la prevención y el manejo efectivo de situaciones críticas. Estos equipos suelen estar compuestos por personas capacitadas y equipadas para actuar rápidamente en caso de incendios u otras emergencias. Los brigadistas de incendios, por ejemplo, son individuos entrenados en técnicas de extinción de incendios, manejo de extintores y evacuación de personas en situaciones de emergencia.

Los equipos de primera respuesta también pueden incluir a personal designado para coordinar y dirigir las acciones en caso de emergencia, como líderes de evacuación o controladores de la situación. Además, es fundamental contar con personas capacitadas en primeros auxilios y reanimación cardiopulmonar (RCP) para atender lesiones o condiciones médicas que puedan surgir durante una emergencia en el almacén. Estos equipos deben estar familiarizados con los procedimientos de seguridad, las rutas de evacuación, la ubicación y el uso de equipos contra incendios, así como tener la capacidad de mantener la calma y tomar decisiones rápidas bajo presión para proteger a los empleados y minimizar los riesgos en situaciones críticas.

Dentro del personal del almacén, debe existir una persona responsable del cumplimiento de los planes de emergencia y extinción de incendios en el caso de aparecer tales situaciones.

4.3. Principios de seguridad en materia de incendios

Ante la aparición de un fuego o incendio en el interior de un almacén, existen una serie de pautas de actuación que se deben conocer para saber cómo proceder en caso de incendio:

- **Aviso.** En primer lugar, se debe avisar a las personas responsables o a los equipos de extinción de incendios, tanto internos como externos a la empresa. Una vez se ha dado el aviso, se procederá a la activación de los pulsadores de emergencia para avisar al resto del personal presente en el almacén.
- **Actuación.** Si el incendio no ha alcanzado unas dimensiones incontrolables, se puede intervenir con los equipos adecuados como, por ejemplo, extintores o bocas de incendio para evitar su propagación.
- **Control.** Es preciso controlar el espacio donde se está produciendo el incendio y cerrar todas las vías existentes de propagación, como puertas o ventanas u otras aperturas existentes en el almacén.
- **Evacuación.** Conocer y seguir las instrucciones establecidas en el plan de evacuación presente en la empresa para dejar las instalaciones de la manera más segura. En el plan de evacuación debe establecerse cómo actuar a la hora de abandonar el edificio, si nos encontramos en el interior del incendio o en caso de inhalación de humo.

Por último, a la hora de proceder a extinguir el fuego, es preciso e imprescindible el uso de agentes extintores; se trata de sustancias utilizadas para extinguir el incendio que los trabajadores deben conocer y que son:

- **Agua.** Es la sustancia más económica y abundante de la que disponemos en un almacén o instalaciones. Una de sus características es ser refrigerante, lo que facilita la extinción del fuego, al tiempo que limpia la atmósfera de humo.
- **Espuma.** Es un agente extintor que aísla la superficie del combustible y que, al descomponerse, produce agua, que sofoca el fuego.
- **Polvo.** Actúa aislando el combustible del oxígeno al caer sobre este.
- **Anhídrido carbónico.** Actúa por sofocación y es muy útil en fuegos de tensión eléctrica por no ser conductor y no dejar residuos.

5. Resumen

La labor del almacén es uno de los escenarios que más factores de riesgo presente debido al uso de maquinaria muy variada y a la multitud de procesos que es preciso llevar a cabo. Por este motivo, es muy importante que la Prevención de Riesgos Laborales se encuentre presente en todas las actividades y operaciones que realizan los trabajadores a lo largo de su jornada laboral.

Es por ello que, antes de comenzar cualquier tarea, todas las personas conozcan los posibles peligros que pueden originarse en el transcurso de las operaciones y las medidas preventivas que deben ponerse en marcha en caso de su aparición con el fin de asegurar un entorno seguro para salud de todos los trabajadores.

Por lo tanto, todo lo recogido y establecido en el Plan de Prevención de Riesgos Labores de cada almacén debe centrarse en el establecimiento de las condiciones necesarias para que el trabajador pueda desempeñar sus funciones en condiciones seguras tanto a nivel individual como colectiva.

Así, todas las personas deben de disponer de los equipos y herramientas que garanticen el desarrollo de las tareas en condiciones óptimas de protección de aquellas partes físicas que puedan ser dañadas. Además, los responsables del almacén deben ofrecer unas condiciones ambientales de trabajo que no afecten al rendimiento y productividad de los trabajadores ni afecten a su seguridad y salud.

Por último, además de todos estos aspectos, los trabajadores deben poder ayudarse de diferentes señales o mecanismo que alerten y recuerden la presencia de posibles peligros.

De esta manera, si todos los condicionantes mencionados se cumplen, el entorno de trabajo garantizará la seguridad y cuidado de la salud de todas las personas implicadas en el trabajo del almacén.

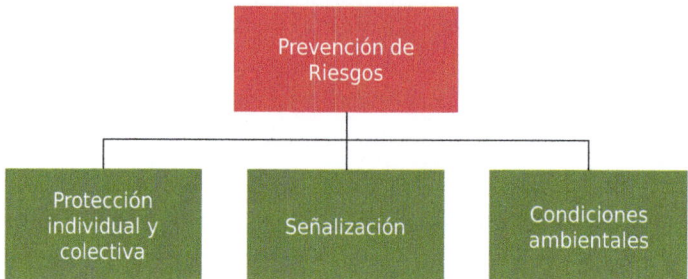

Ejercicios de autoevaluación
Unidad de Aprendizaje 3

1. Realiza el análisis de aquellos aspectos laborales que pueden causar daños mentales a los trabajadores:

    a. Medicina del trabajo
    b. **Psicosociología aplicada**
    c. Ergonomía
    d. Higiene industrial

2. La ergonomía...

    a. ... realiza el análisis de los aspectos físicos que pueden ocasionar accidentes en el puesto de trabajo.
    b. ... se centra en los diferentes contaminantes existentes en el entorno laboral que pueden afectar a la salud de los trabajadores.
    c. **... se encarga de estudiar la adecuación del puesto de trabajo para evitar la aparición de fatiga u otras lesiones en el trabajador.**
    d. ... estudia las enfermedades que pueden originarse a raíz de la actividad laboral.

3. Proteger, actuar y socorrer:

    a. PAR
    b. **PAS**
    c. SAP
    d. PSA

4. Su objetivo es identificar, evaluar y controlar las concentraciones de diferentes contaminantes:

    a. Medicina del trabajo
    b. **Higiene industrial**
    c. Salud
    d. Ergonomía

5. Es la sustancia más económica y abundante de la que disponemos en un almacén o instalaciones:

    a. **Agua**
    b. Polvo
    c. Espuma
    d. Anhídrido carbónico

6. Normativa que rige todo lo relacionado con la Prevención de riesgos laborales:

    a. Ley 31/1998
    b. Ley 31/1997
    c. Ley 31/1996
    d. **Ley 31/1995**

7. Determina si la siguiente oración es verdadera o falsa: "Los objetos que están tirados en el suelo o mal colocados en un almacén pueden causar tropezones o caídas, mientras que los materiales apilados de manera adecuada pueden caer y causar lesiones":

    ■ **Verdadero**
    ■ Falso

8. Determina si la siguiente oración es verdadera o falsa: "Una medida preventiva es cualquier aspecto, situación o producto que pueda originar un daño a la salud de los trabajadores":

    ■ Verdadero
    ■ **Falso**

9. Se producen en situaciones de pérdida de equilibrio cuando el trabajador se encuentra en altura:

    a. Atropellos
    b. Caídas al mismo nivel
    c. **Caídas a distinto nivel**
    d. Contactos térmicos

10. Ordena la siguiente secuencia de acciones:

    a. **Aviso - Acción - Control - Evacuación**
    b. Aviso - Control - Acción - Evacuación
    c. Control - Aviso - Acción - Evacuación
    d. Acción - Control - Aviso - Evacuación

Glosario

Albarán
Documento donde deben aparecer los productos y las cantidades que conforman un pedido.

Almacén
Espacio del que disponen las empresas para la conservación de sus materiales o productos con el fin de manipularlos correctamente y distribuirlos cuando sean demandados.

Almacenaje
Se trata de la ubicación de los productos en los sistemas de almacenaje adecuados.

Aprovisionamiento
Se trata de la compra de productos o materias primas necesarias.

Cadena de suministro
Conjunto de actividades que se realizan desde la obtención de materias primas para la fabricación de un producto, hasta la distribución de este al punto de venta o cliente final.

Carta de porte
Documento emitido por el servicio encargado de la distribución donde se describe la mercancía y las condiciones en las que es transportada.

Conservación
Condiciones que deben existir para que los productos se mantengan en óptimas condiciones.

Equipo de manutención
Medios manuales o eléctricos empleados para el traslado de productos en el almacén en cualquiera de los procesos existentes.

Equipo de trabajo
Método de trabajo basado en la coordinación de los miembros y de las tareas y donde debe existir una estructura y una comunicación conocida y aceptada por todos los participantes.

Ergonomía
Disciplina que se encarga de estudiar la adecuación del puesto de trabajo para evitar la aparición de fatiga u otras lesiones en el trabajador.

Expedición
Fase basada en la comprobación de los pedidos para su expedición.

Factor de riesgo
Cualquier aspecto, situación o producto que pueda originar un daño a la salud de los trabajadores.

Factura
Documento que refleja la operación de compraventa efectuada.

Flujo de información
Documentación que debe acompañar en todo momento a los movimientos de mercancías

Flujo de mercancías
Movimiento y traslado de mercancías existente en el almacén como son la recepción, el almacenamiento, la extracción y preparación y, finalmente, la expedición.

Grupo de trabajo
Suponen la colaboración constante entre sus miembros con el objetivo de intercambiar información que ayude a cada uno a mejorar en la realización de sus actividades.

Higiene industrial
Disciplina que estudia y analiza en los diferentes contaminantes existentes en el entorno laboral que pueden afectar a la salud de los trabajadores.

Inventario
Recuento y contabilización de todos los productos y materiales existentes dentro de una empresa.

Medicina del trabajo
Estudia las enfermedades que pueden originarse a raíz de la actividad laboral.

Orden de *picking*
Documento con el que comprobar que la mercancía solicitada es la que conforma el pedido.

Psicosociología aplicada
Estudia el análisis de aquellos aspectos laborales que pueden causar daños mentales a los trabajadores.

Recepción
Proceso de verificación, comprobación y posterior entrada de los artículos enviados por los proveedores en el almacén.

Rol
Diferentes funciones y responsabilidades que desempeñamos en múltiples aspectos de nuestra vida.

Rolls
Son unidades de almacenamiento y transporte utilizadas comúnmente en entornos logísticos y de almacenamiento.

Seguridad en el trabajo
Realiza el análisis de los aspectos físicos que pueden ocasionar accidentes en el puesto de trabajo.

Sinergia
Acción de dos o más causas cuyo efecto es superior a la suma de los efectos individuales.

Stock mínimo
Cantidad necesaria de productos para hacer frente a la demanda prevista en un periodo de tiempo.

Unidad de manipulación
Formato o soporte que presentan las mercancías durante las distintas fases de la cadena de suministro.

Ventaja competitiva
Aspectos o elementos de una empresa que les permiten ganar mercado a través de la diferenciación con el resto de las empresas existentes.

Bibliografía

Monografías

→ BRENES, P.: *Técnicas de almacén*. Madrid: Editex, 2015.

Manual muy interesante donde se recoge información sobre los distintos procesos que se ejecutan en el interior de un almacén.

→ ESCUDERO SERRANO, M. J.: *Logística de almacenamiento*. Madrid: Paraninfo, 2019.

Este libro resulta muy útil para iniciar el estudio de la logística, puesto que recoge todo tipo de información relacionada con la cadena de suministro.

Textos electrónicos, bases de datos y programas informáticos

→ *Software* de gestión de Almacenes Easy WMS de, <https://redirectoronline.com/comt07biblio1>.

En esta web puede leerse y visualizar vídeos sobre el sistema de gestión de almacenes de Mecalux, empresa líder del sector en ofrecer diferentes soluciones logísticas.

→ La gestión de almacenes en 10 pasos prácticos, de, <https://redirectoronline.com/comt07biblio2>.

Es un artículo de David Polo Moya, fundador de una consultora de sistemas de gestión, donde se analiza en diez pasos breves y sencillos como gestionar un almacén de manera eficaz.